老年女性群体沉溺新媒体行为的纠正与良性策略引导　项目号：LJKR0399

媒介融合时代的
出镜记者现场报道
研究

褚旖旎　周美慧————著

吉林大学出版社

·长春·

图书在版编目（CIP）数据

媒介融合时代的出镜记者现场报道研究 / 褚旖旎,
周美慧著. –– 长春 : 吉林大学出版社, 2023.11
ISBN 978-7-5768-2047-8

Ⅰ.①媒… Ⅱ.①褚… ②周… Ⅲ.①新闻报道–研
究 Ⅳ.①G212

中国国家版本馆CIP数据核字(2023)第170994号

书　　名：媒介融合时代的出镜记者现场报道研究
MEIJIE RONGHE SHIDAI DE CHUJING JIZHE XIANCHANG BAODAO YANJIU

作　　者：褚旖旎　周美慧
策划编辑：代景丽
责任编辑：刘　丹
责任校对：赵　莹
装帧设计：刘　瑜
出版发行：吉林大学出版社
社　　址：长春市人民大街4059号
邮政编码：130021
发行电话：0431-89580028/29/21
网　　址：http://www.jlup.com.cn
电子邮箱：jldxcbs@sina.com
印　　刷：长春第二新华印刷有限责任公司
开　　本：787mm×1092mm　　1/16
印　　张：13.75
字　　数：210千字
版　　次：2023年11月　第1版
印　　次：2023年11月　第1次
书　　号：ISBN 978-7-5768-2047-8
定　　价：48.00元

前　言

在媒介融合时代，电视大屏正在渐渐淡出许多观众的视野，互联网技术颠覆了人们的生活方式，也彻底改变了媒体行业的命运。全世界的传播格局都在变化，一批又一批的"网民"取代了之前的"观众""用户"，逐渐成为网络传播中的主力军，他们不分年龄、不分性别，带着各自的知识结构和文化背景活跃在新媒体平台。

2018年8月，习近平总书记在全国宣传思想工作会议上指出，宣传思想工作要坚持文化自信是更基础、更广泛、更深厚的自信，是更基本、更深沉、更持久的力量，要坚持提高新闻舆论传播力、引导力、影响力、公信力，要坚持以人民为中心的创作导向，要坚持讲好中国故事、传播好中国声音。在新媒体日益蓬勃的当下，电视工作者面临着巨大的职业挑战，传统媒体行业也经历着颠覆性的变革。在这样的大背景下，如何把习近平总书记的指示精神落到实处是每一个媒体从业人员、媒体行业专家、相关专业教师以及在读学生都应该认真思考的问题。尤其作为现场报道——这种对新闻内容最生动的表达样态，也是新闻节目中最具有生命力和活跃度的新闻传播样态，也无疑是一个非常有效的贯彻落实习近平总书记指示的现实路径。一个合格的出镜报道不仅能够实现对新闻事实的展现和传递，更能够将中华民族的文化自信传播到世界各地。

媒介融合时代，现场报道有了更多发挥作用的平台和途径。面对多样化的媒介传播方式，同时也面对着口味和兴趣发生变化的受众（用户），出镜记者们责任重大、道阻且长。"记者"与"现场"本是新闻领域内极具魅力也极具人气的存在，但在海量、碎片信息的时代中，整个传播生态链都受到了影响，传播环节中的每个角色都发挥着不同于以往的作用。新的传播"革命"已经爆发，新生代如火如荼，传统媒体人只有放低身段、主动融合创新，同时打造一个自主、可控、与时俱进的融媒体传播平台，才能够继续实现职业梦想、担负起传媒者的社会责任。

本书通过对媒介融合时代特征和出镜记者特点以及未来发展方向等方面的研究，以期探寻一条适合出镜记者的生存之路，同时也希望能够唤起传媒行业的准工作者对未来职业发展方向的重视和思考。

褚旖旎

2023年9月

目　录

第一章　媒介融合时代的传播环境

1964年，马歇尔·麦克卢汉（Marshall McLuhan），这位加拿大名不见经传的教授英美文学的教书匠带着他的媒介理念一举震动世界，开启了人类认识"媒介"的新篇章。六十年前，麦克卢汉让我们知道了"媒介即讯息"，把媒介与人的关系做了全新的定义。在我们认为事物都将遵循"一代后浪推前浪"的规律时，麦克卢汉告诉我们新媒介对于旧媒介的作用绝不仅仅是简单的置换或者替代，而是增加其运行的复杂性。"媒介即讯息"的意思是："……一种全新的环境被创造出来了。这一新环境的'内容''是工业时代陈旧的机械化环境'。"麦克卢汉将媒介的演化和发展规律进行了精确的表达和诠释，虽然他的部分观点被当时的一些学者攻击，但媒介在时代发展的洪流中的一次次更迭演化一步步验证了他关于媒介的伟大理论。

正如麦克卢汉所论证的，媒介在电子时代、网络时代中发生了变革，一种全新的环境被创造出来——媒介融合。广播媒介分析家唐纳德·麦克温尼（Donald McWhinnie）曾经说过："在我们大半辈子的生活中，艺术界和娱乐界的内战连绵不断……电影、唱片、广播、有声电影各界都爆发内战……"[1]在媒介间产生融合之前，这种"内战"其实就是媒介间的相互影响。行业内卷下的重重压力让传统媒体人在竞争中内卷，不仅要争夺受众，同时也要面对同行间的竞争压力。报纸、广播、电视、互联网，看似

---

①　［加］马歇尔·麦克卢汉. 理解媒介——论人的延伸［M］. 何道宽，译. 南京：译林出版社，2011：67.

类别清晰、特点显著，实则随着时代的变迁早已在社会和人们的心灵中发生了质变。人们注视着"媒介杂交"后的裂变和聚变，其产生的巨大能量形成了新的传播环境。媒介间冷热交织，用新的面貌将大千世界的精彩绝伦、变化万千喷注进用户视野，让你还来不及反应便迫不及待地加入融合时代的滚滚浪潮之中。

习近平总书记指出："信息革命是一场改变人类历史发展进程的科技革命，引领着经济社会各领域各方面的进步与变革，推动当今世界进入信息化社会和全媒体时代，给意识形态工作和新闻舆论工作带来了全方位、深层次的影响。"习总书记提到的"影响"对于社会上的每一个人来说都是深远且长久的，媒介融合后的时代是信息高速和多样化传递的时代，这种传播环境给媒体和用户带来的必将是质的变化。

第一节　媒介融合概念的认识

媒介类型多种多样，并不是传统媒体和新兴媒体之间的简单区别。传播学中对媒介的定义一般是指"人类传播过程中运载和传递信息的物体，是连接传授双方的中介物"[①]。计算机和互联网的产生必然推动不同类型的传播媒介求同存异，以全新姿态去满足行业需求和受众期待。

一、媒介融合的定义

"融合"（convergence）一词来源于科学领域，它被引入新闻传播学领域的时间大概在20世纪70年代末。虽然"媒介融合"（media convergence）一词已经成了现今传播学领域的热词，也是目前研究传播现象的一个关键因素，但是关于这个词的概念和内涵究竟该如何界定以及哪一种定义是被广泛认可的，业内和学术界始终没有达成共识。

麻省理工学院的尼古拉斯·尼葛洛庞帝（Nicolas Negroponte）是目前

① 宫承波. 媒介融合概论（第二版）[M]. 北京：中国广播影视出版社，2016：5.

公认的最早提出"媒介融合"概念的人。1978年，计算机、印刷和广播这三者的技术边界被他用三个重叠的圆圈来描述，他预言未来传播媒介中成长最快、创新最多的领域将出现在三个圆圈的交叉处，率先提出了"广播电视业""计算机业"和"印刷出版业"将在数字化浪潮下呈现交叠重合的发展趋势，这种发展也将成为未来传播媒介的主要形式。这种观点正与麦克卢汉的"媒介即讯息"的思想不谋而合，他认为"……媒介都成双结对。一种媒介充当另一种媒介的'内容'，使一对媒介的运转机制变得模糊不清。"①这里的"包含"正是融合的另一种样态，预示着不同媒介间绝不是孤立独存的，在二者的包含关系中形成新的"比率"和转换机制，受众也因这种媒介因相似性产生的杂交形式而驻足在交会边界上，获取自己想要的内容。这些都已具有十分明显的"融合"思想。可以说尼葛洛庞帝的"媒介融合"观点对之后的研究起到了先驱和引领作用。

1983年，美国传播学者、马萨诸塞理工大学伊契尔·索勒·普尔（Ithiel De Sola Pool）教授提出媒介融合就是各种媒介呈现出多功能一体化的发展趋势。紧接着，美国的安瑟尼·G. 欧廷格（Anthony G. Oettinger）及法国的西蒙·诺拉（Simon Nora）和阿兰·孟克（Alain Minc）分别创造了"计算机通信"（compunication）和"电信技术"（telelmatiqu）两个新词来试图反映数字融合的发展趋势，这又凸显了计算机技术和数字技术在媒介融合中的重要作用。毕竟，从本质上讲，所谓的媒介融合首先必须是技术发展带来的融合，即两种或多种技术融合后形成某种新的传播技术，没有信息技术的发展，"融合"很难实现。依托于信息化的技术跨越，原本不同的媒介样态才能产生交叠的可能性，而它们由融合产生的新传播技术和新媒介的功能必定大于原先各部分之和。

美国学者凯文·曼尼（Kevin Maney）在其1996年的著作《大媒体潮》中提出了"大媒体"（mega-media）的概念。提出传媒业将不分领域

①　[加]马歇尔·麦克卢汉.理解媒介——论人的延伸[M].何道宽，译.南京：译林出版社，2011：71.

地展开全面竞争，且传统大众传媒业、电信业、信息网络业都将统合到"大媒体业"这种新产业之下。大媒体业不仅会呈爆炸性成长，也会造成向内"崩陷"的效果，即所有的企业都会投入同一个市场，要么与他人结盟，要么和过去从未竞争过的对象竞争。其理论明晰了媒介融合的三个行为个体：大众传播业、电信业和信息网络业。[①]

2000 年，托马斯·鲍德温（Thomas Baldwin）、史蒂文森·麦克沃依（D. Stevens Mcvoy）、查尔斯·斯坦菲尔德（Charles Steinfield）三位学者在其合著的《大汇流——整合媒介信息与传播》一书中提出：以前电信业、有线电视业、广播业和计算机业各自为政，如今在宽带技术和政策的指引下汇流到一起，产生了"整合宽带系统"（broad-band communication systems）。因此，媒介融合有了更好的技术支持，并将在更宽泛的领域内进行。美国新闻学会媒介研究中心主任安德鲁·纳齐森将"融合媒介"定义为"印刷的、音频的、视频的、互动性数字媒体组织之间的战略的、操作的、文化的联盟"。他强调的"媒介融合"更多是指各个媒介之间的合作和联盟，这个概念更关注于不同媒介之间的合作模式和共存特征。

以上几种关于媒介融合概念的提出都向我们揭示了一个融合时代的共同特征——技术手段的发展是媒介融合的重要前提，媒介融合之后的传播行业将发生前所未有的大变局。

二、媒介融合的基本形态

（一）网络融合

网络融合（Network convergence）一般包括数据传输层融合和应用层融合两个层面。其中的"数据传输层融合"是将以前分别基于PSTN电话网上的语音数据和基于有线电视同轴电缆上的视频数据，以及基于IP的信息数据，都整合在一个网络中进行传输，这个物理媒介就是融合网络，它

---

① 王菲. 媒介大融合［M］. 广州：南方日报出版社，2007：5.

统一了在不同网络上传输的多种数据。①业务互通后，数据网络、电话网络、视频网络都可以融合在一起。声音、文字、图像，这些在互联网产生以前看似毫无关联的信息媒介奇迹般地展开了互利共赢般的合作，形成你中有我、我中有你的格局。经过数字化和传播新技术的处理，催生出许多新兴的传媒产品，如网络报刊、网络广播、手机广播、网络电视、手机电视等等。

1. 美国的三网融合

1996年，美国总统克林顿签署了被称为是"美国新旧通信世界的分水岭"的《电信法》，该法案的核心是取消阻碍电信市场竞争的管理法规壁垒，从而促进开发和推广新技术的应用。在当时颇受争议的第230条中有许多涉及技术层面的关键信息，比如法案提到了迅速发展的交互式计算机服务为公民提供了信息资源获取方面的巨大便利，肯定了计算机技术的应用是发展的必须。同时第230条明确了美国的基本政策是促进互联网技术的发展和相关市场的自由活跃，这一规定保护了互联网领域的创新，为21世纪初现代互联网服务奠定了基础，按下了三网融合的开始键。新的通信法案做出了几项调整策略：一是废除一家公司最多拥有12家电视台的规定，允许在50个最大的市场上同时拥有广播电台和电视台；二是废除一个公司对全国范围内广播电视所有权的限制；三是撤销对有线电视的收费限额；四是允许电话公司和有线电视台之间相互进入。至此，"三网融合"的法律地位得到了奠定，电话、有线电视、互联网公司从那时起开始了跨行业经营并互相渗透，在同一市场展开竞争。

该法案为不同形态的媒介间实现技术的融合创造了可能，以往各自为政的媒介生存状态逐渐发生转变，公司通过兼并和联盟来实现业务的融合，而网络的融合则以新技术来实现。它们利用互联网的不断成熟与发展为自身和彼此创造了更适合时代的平台，媒介形态也在此基础上实现了融

---

① 百度百科．〔EB/OL〕．https://baike. baidu. com/item/%E7%BD%91%E7%BB%9C%E8%9E%8D%E5%90%88?sefr=enterbtn.

合与嬗变。

2. 中国的三网融合

中国的三网融合起步虽然比美国晚，但在政府的有力政策支持下也取得了稳步、长足的发展和进步。

2010年6月30日，国务院办公厅发布了《关于印发第一批三网融合试点地区（城市）名单的通知》，名单包括北京市、上海市、辽宁省大连市、黑龙江省哈尔滨市、江苏省南京市等12座城市。这一文件的公布拉开了中国三网融合的序幕，网络设备商、机顶盒厂商率先行动，为即将到来的大规模运营做好充足准备。

2015年8月25号，国务院办公厅印发《三网融合推广方案的通知》（以下简称《通知》），明确推进三网融合是党中央、国务院做出的一项重大决策。《通知》中肯定了试点阶段各项任务的完成效果，决定加快推进全国三网融合进程，推动信息网络基础设施互联互通和资源共享。

《通知》中提出要在全国范围推动广电、电信业务双向进入，尤其提到符合条件的电信企业在有关部门的监管下可以从事除广播电台、电视台形态以外的公共互联网视听节目服务、交互式网络电视（IPTV）传输、手机电视分发服务；IPTV全部内容由广播电视播出机构IPTV集成播控平台集成后，经一个接口统一提供给电信企业的IPTV传输系统，同时电信企业可提供节目和EPG条目，经广播电视播出机构审查后统一纳入集成播控平台的节目源和EPG，规范了广电和电信的技术合作模式。在加快宽带网络建设改造和统筹规划的相关通知中，明确提出要加快广播电视模数转换进程、加快建设宽带网络骨干节点和数据中心，提升网络流量疏通能力，全面支持互联网协议第6版（IPv6）。同时，《通知》责成国家发改委、科技部、工业和信息化部、公安部、安全部、国资委、新闻出版广电总局等部门促进三网融合关键信息技术产品的研发和制造，围绕光传输和光接入、下一代互联网、下一代广播电视网等重点领域，支持高端光电器件、基于有线电视网的接入技术和关键设备、IPTV和数字电视智能机顶盒、互联网电视及配套应用、操作系统、多屏互动技术、内容传送系统、信息安全系统等的研发和产业化。①

2009年12月28日，中国网络电视台（CNTV）正式开播，标志着网络与电视全面融合的开始，至今已经建立起网络电视、IP电视、手机电视、移动电视、互联网电视五大集成播控平台。CNTV是传统电视媒体向网络进军的一个重要标志，它依托于中央电视台，意味着自诞生之日起就已经具备了高起点和大平台，在一定程度上改变了媒体行业的传播格局。

任何新生事物在诞生初期都会经历阵痛中的思考和前进过程中的阻滞，CNTV也是如此。就像麦克卢汉在《理解媒介——论人的延伸》中提到的，"任何发明或技术都是人体的延伸或者自我截除。这样一种延伸还要求其他的器官和其他的延伸产生新的比率、谋求新的平衡。"②如果"媒介杂交"释放出的能量真的可以与核聚变的能量相比拟的话，那么它产生的副作用也一定存在。CNTV成立初期因版权问题与几家电信 IPTV 业务平台展开过几轮交涉，也曾多次将民营视频网站告上法庭。CNTV 强调，公司独家享有对中央电视台全部电视频道的新媒体平台播放权，要求电信运营商接入其IPTV 播控平台。在当时的环境下，电信企业对三网融合中自身的角色心存忧虑也是情有可原的。广电掌握内容播控权，电信拥有互联网宽带出口和 IDC（互联网数据中心）资源，双方处在利益博弈之中，任何一个环节的操作不当都极易触及政策红线或损害自身利益。虽然电信已经完全具备了三网融合的技术条件，但其担忧的是自己在为CNTV的内容做传输、运维、用户、市场等操作时陷入"管道化"困局。

在新的市场中寻求"新的比率"、谋求新的平衡的行为虽然引起了相关利益方的摩擦，但也不是无法可寻，"上海模式"和"云南模式"的出现让"三网融合"的进程取得了一定的突破。

2005年，国家广播电视总局把第一张 IPTV 商业运营牌照颁发给了原

---

① 中华人民共和国中央人民政府官网［EB/OL］. http://www. gov. cn/zhengce/content/2015-09/04/content_10135. htm.

② ［加］马歇尔·麦克卢汉. 理解媒介——论人的延伸［M］. 何道宽，译. 南京：译林出版社，2011：61.

上海文广新闻传媒集团（现为上海东方传媒集团有限公司，简称SMG），上海电信与 SMG 随即启动合作，在上海浦东新区、闵行地区展开IPTV 商用试点，次年9月，上海全市开通 IPTV 商用业务。上海IPTV 为用户提供了丰富的节目内容，不仅有直播电视频道和轮播剧场，还提供了电视回看、视频点播、时移电视等多项服务功能。这些功能使得用户在收看内容时不用受时间限制，打破了电视观众被电视不可逆的播出时间表限制收看自由的壁垒，迅速增加了用户数量，IPTV 活跃度持续保持在高位。

在"上海模式"中，广电、电信双方共同构建起了良性产业链，在你中有我、我中有你的模式下寻找突破口、合作分成。该模式在当时得到了信息产业部（现工业和信息化部）前部长吴基传的肯定，同时也侧面反映出了一个合作得以成功的前提条件：运营商和地方广电关系越融洽，越容易建立起长效、和谐、互利共赢的合作模式。

2011年7月27日，几大媒体争相报道了"'TVMall商城'在云南IP电视正式上线播出"的消息，将此次行为称作央视IPTV应用信息服务业务全国发展战略迈出的第一步。TVMall商城是由央视携手云南爱上网络公司、云南电信、上海康麦司公司共同搭建的新一代互动电视购物平台，这次合作的跨越基于两年前CNTV 和云南电视台联合组建的"云南爱上网络公司"的成立。由 IPTV 运营商、地方广电和地方电信三方共建的IPTV运营模式被称为"云南模式"。

广电网、电信网和宽带网三方在最初是各自独立的，因为各自不同的业务种类而产生了不同的技术服务类型和构成模式，甚至在商业运营上需要针对的用户范围都有所区别。但任何一种独立经营的模式都必然随着网络时代的到来发生更迭，因此三网融合是大势所趋，并不是一种赶时髦的行为。即便三方有再多的无法调和的利益纷争，随着时间的流逝和用户对媒介融合的适应和需要，网络融合也必将在磕碰中日益完善。政策支持、技术引流、观念转变、产业链构建等方式都将为三网融合的成熟和竞争力的提高开疆拓土。

（二）内容融合

1. 形态的融合

媒介的存在意义是什么？用户虔诚地追随各种媒介平台又是在寻找什么？当然是信息，是内容。为了让现实生活中的信息能够通过媒介进行传递，人类发明了可以用于传输的具体符号。最初阶段只包括文字、图片、声音、影像等基础符号，随着信息技术的发展和科技手段的不断进步，内容产业的范围不断扩大——报纸、书籍、杂志、联机数据库、音像制品服务、电子游戏、电视、录像、广播和电影院以及用于消费的各种软件，类别海量，浩如繁星。互联网产生之前的媒介之间具备相对清晰的界限，但在融合大背景下，似乎有一块无形的橡皮擦，把本来清晰可知的边界线逐渐擦去。这样一来，不同媒介资源间得到了有效整合，各类传播媒介发现，无论是出于主动还是被动，彼此之间在业务实践中相互交叉的频率越来越高，过去单独运用文字或者图片进行内容传递的情况已经行不通了，可视化、场景化的图文和视频融合才是这个时代的主流和必须。

"内容"如同产品，在传统媒介产业中，内容的生产、发行、消费模式是单一的线性模式，类似自产自销、自负盈亏，整个生产销售链条比较封闭，难以创新和突破。而在数字化技术背景下，内容的生产可以独立存在于媒介载体或平台之外，不归属于传输管道，解放了内容制作这一区块就能够打破媒介内容生产之间的壁垒，把看似专一的、孤立的、各自为营的信息资源融合生产，满足不同用户的不同需求，同时也在更高层面上引领信息传播导向，规避单一现行生产的弊端。

以新京报为例，这个2003年11月创刊的报纸在媒介融合的大潮中寻找出了适合自己的发展之路。2009年，为在宣传平台上符合信息时代需求，新京报创立了新京报网并开通了微博；2013年，新京报推出了多个微信公众号，至今仍在运营的有"新京报""外事儿""新京报Fun娱乐""重案组37号""学习公社"等，涵盖了社会生活的方方面面，形成了多层次、多方面的传播矩阵；2015年，新京报创立动新闻板块，运用3D动画短视频报道新闻；2016 年，开设直播栏目"我们视频"作为直播和短视频窗口；

2018 年，新京报 App 正式上线，并于 2019年增加 @ 新京报板块 与用户展开互动……这一系列的操作使传统的纸质媒体在融媒体的大趋势下重新焕发了生机，也催生它们的内容生产采取了资源共享的模式。2015 年新京报成立全媒体编辑部后，实现了新闻素材"一次采集、多次分发"的模式。之前的以部门为单位分头行动、互不相干，你干你的活、我做我的事，在全媒体编辑部成立后，改为编辑成员协同合作、互通有无。新闻现场的文字和视频素材被传回编辑部以后，由总编室分发到不同的制作部门进行加工剪辑，并通过两微一端一网进行内容分发，形成了全媒体报道新格局。

内容融合的实现需要诸多外在条件支持。从数量上看，目前全球对数字内容的消费和关注呈现了极度快速增长的趋势，且数值一直处于爬高趋势并无回落。媒介终端的数量和形态日益增多，并且每一种新形态的产生似乎都掌握了用户的使用心理，一旦出现便立刻拥有用户黏性。这种增高是数字技术和网络技术的发展带来的，它们使内容的规模化需求具有了可能性，消费者潜在的对内容的规模化需求本就存在，这样一来就更刺激了这种可能性的产生；另一方面，满足消费者对信息便捷性的需求与日俱增。能够唾手可得的东西谁又愿意跋山涉水呢？数字技术和网络技术帮助消费者打破时间和空间的屏障，你需求的内容我们来提供、你没有列入需求范围的内容我们也随时提供，并且引领你去探索更多内容的可能。而这种可能性又反作用于刺激消费者对内容服务多样性的需求。

2. 载体的融合

技术环境对于传播渠道的类别和开放程度起到了至关重要的作用。传播渠道在媒介中也可以被称为信息传播的载体，融合中的新老交替导致了传播载体出现了交叉多元性。媒介融合产生之前，我们熟知的媒介载体是报纸、广播、电视，它们分工明确、特点突出、各有所长。回望历史我们可以清晰地发现，任何一种新媒介载体的产生都给整个传播体系及受众带来了极大的震撼，因为它们的出现都展现了一番前所未有的前人无法想象的景象，每一个新出现的载体都在保留旧有载体特点的前提下发展出了全新的传播手段。

　　19世纪末到20世纪初，当报纸实现了从"小众"到"大众"过程的跨越之后，受众对报纸的需求日益提高，读者的范围从政界、工商界等上层人士逐渐发展到平民百姓。只要你在这个社会上生存，你就希望通过报纸来获取社会动态，知道这个世界在发生什么，哪怕这纸平面上的文字内容与此时此刻的你毫不相关。报纸就是读者看世界的一扇窗，而且几乎是唯一的一扇窗。但是广播诞生之后，对报纸的冲击可谓是巨大且不可逆转的。

　　1920年10月27日，美国商业部颁发了电台执照给西屋公司，11月2日公司成立的KDKA电台借美国大选之际开始了定期广播，由此产生了有历史记载的美国第一家正规广播电台，11月2日这一天也被认为是世界广播事业的诞生日。一个又一个的国家将无线电广播视为国家机器的一部分，民众不仅从这个"小匣子"里听世界，同时随着广播内容的不断丰富，不同的节目类型顺应了不同年龄层、不同职业背景的听众的需求。新鲜的资讯新闻、传奇的故事连播、激情的音乐赏析、趣味的谈话互动……"声音"在广播中变成了如此瑰丽绚烂的景象，既有近在眼前的可听可感，又有"只闻其声，不见其人"的巨大想象空间。广播对于之前只跟纸质媒体打过交道的大众而言，不仅意味着对物理时空感知方式的改变和重塑，也颠覆了人们对于世界的想象和自我认知。更重要的是广播创造了一个新的媒介载体，为受众搭建了一个兼具疏离与亲密、开放与隔离、真实与幻想的听觉空间。现代性听觉所形塑的现代听觉习惯及其经验也得以形成。德国戏剧家布莱希特写的一首小诗或许可以概括这番影响：

> 小匣子，我抱着你逃难，
>
> 就是不想，让你的真空管砸烂。
>
> 逃上轮船，逃上火车，
>
> 也要能听见，敌人的叫喊。
>
> 床头上，刺痛我心的是
>
> 敌人的叫喊。
>
> 临睡前，一醒来，都听到
>
> 敌人的胜利，令人忧伤的事。

小匣子，你答应，

千万别，突然不声不响。

当广播生龙活虎地进行着媒介传播工作的同时，电视已经开始了它的创世纪之旅。

1924年，约翰·洛吉·贝尔德这位从小就展现出发明天赋的英国电器工程师，把他收集到的旧收音器材、霓虹灯管、扫描盘、电热棒和可以间断发电的磁波灯和光电管等材料搬到了实验室，不辞辛苦地进行了上百次实验，目的就是发明一台"电视机"。1925年10月2日清晨的一次实验中，贝尔德再一次发动起机器，他终于从另一个房间的映像接收机里收到了比尔——一个表演用的玩偶的脸。这一次传送图像的成功被公认为电视诞生的标志，世界再次为这种"神奇的魔法"感到震惊并欢呼。随后，电视作为新的媒介载体横扫全球，受众还没有从广播媒介的神秘和兴奋中缓过神来就又一次投入了一个全新媒介载体的怀抱。观众似乎获得了之前对广播"只闻其声不见其人"的神秘感的破解术，无论是报纸上的文字还是电台里的声音都被电视收入麾下。这个以"英寸"为度量单位的"大匣子"里居然如此丰富多彩、变化无穷。世界变小了，观众发现"大匣子"吸纳了报纸和广播的单一元素——文字和声音后加入了魔幻的独特性和多样性，变换的画面和色彩时刻冲击着观众的视觉神经。麦克卢汉曾经说过"电视来临以后，许多东西都行不通了"，连当时极其具备娱乐属性的电影、杂志甚至是漫画都被电视打击得溃不成军，观众深度介入电视这个媒介载体而无法自拔。

之后，计算机技术和因特网诞生，媒介载体形式得到再次更新，"地球村"模式正式上线并迅速被用户接受。媒体结合互联网技术发展出"新媒体"，它利用数字技术，通过计算机网络、无线通信网、卫星等渠道，以及电脑、手机、数字电视机等终端，以数字压缩和无线网络技术为支撑，向用户提供信息和服务。"新媒体"在传播速度、时效性、信息开放性与丰富性等各方面对传统媒体进行碾压式冲击，尤其在电脑、手机等便携、可移动设备终端普及之后，新媒体携报纸之文字、广播之声音、电视之图像在互联网技术的加持下扬帆破浪、势如破竹。昔日的受众变成了用户，大家在新的媒介载体上看到了更多的可能性。全球的政治、经济、文化、交流模式都因为新媒体的诞生发生着遽变。时空差别不复存在，每个用户都可以设定自己的"节目时间表"，新媒体世界的大容量、实时性和交互性，可以跨越地理界线最终得以实现全球化，媒体用户突然发现自己成了信息的"主人"，世界"尽在掌握"。传统媒体在新媒体的这一系列动作中逐渐失去往日的光环，受众从年轻一代开始逐渐被剥离、转移且一去不复返。随着移动设备在中老年群体间的普及，传统媒体的社会地位开始动摇，铁杆粉丝群规模更是逐日缩小。

三网融合时代的来临昭示着在技术的推动下，新的媒介载体是必然会出现的，因为用户的需求在不断提高，期待值也被一轮又一轮的载体进化不断拉高。媒介融合时代的载体并不是无中生有、特立独行的，它依然遵循每一次新载体出现时候的规律——在技术手段完备、政策条件满足的前提下，利用从旧载体中积蓄的功能和优势整合资源、创造突破，提升载体使用的交互性、便捷性、创新性。

信息载体的演变体现一个趋势，即媒体技术由专业独立性向交叉互动性转变，各媒体之间信息的交互是科技发展的目标。

（三）技术融合

传统的信息内容生产是以模拟的方式进行的，媒介因种类和平台的不同有各自不同的方式，报业的报纸、电台的广播、电视的图像需要各自独立的设备和技术，但如果三方制作的新闻内容一致只是输出方式不同的话容易造成资源的浪费。数字技术和计算机的发明可以将模拟内容转化为数字内容，这样就将之前分散在不同制作平台的内容统一在以计算机为主体的共同平台上进行制作。平台统一之后，虽然信息内容没有发生本质变化，但制作方可以把它加工成各种不同的形式，满足不同需要的广大受众。统一的平台既能够整合内容生产的手段，又可以提高信息资源的使用效率，并且使信息内容产品具有单独生产所不具备的规模化和标准化特征。

广电网、电信网和互联网都具有自身的核心技术。"融合"需求产生以前，虽然业内一直有"传统媒体之势如'强弩之末'"的讨论，但其三者在技术层面上是完善的，是能够满足现有传播需求的。但是要进行跨网络经营以实现网络应用层面上的融合，现有的技术就无法满足需求，必须进行相关的技术改造。电信网原本提供的是语音交换技术，采用的通信方式主要是电路交换，它只需要完成帮助用户之间实现双向、一对一的实时连通的任务。但电路交换过程要求独占线路资源，这就造成了资源的浪费；广电网的用户共享一个信道接收声音和图像信息，但它是一种单向的传输网络，对于用户来说就是"你传输什么我接收什么"，无法进行双向互动；互联网采用TCP/IP协议进行点对点传播，用户间的数据传送和信息资源能够实时共享。由此可以看出，三者之间的区别极其明显，有分工、无合作，这样是无法满足三网融合的技术要求的。

1. 广电网的改造

广电网络的业务改造不仅要支持传统广播型电视业务，同时要支持与用户的互动型业务；不仅支持视频类的电视业务，同时支持数据类的数据业务和语言类的通信业务；不仅支持单一业务在单一网络和终端上的承载，还要实现多重业务在多种网络终端上无缝跨接。

数字化改造就是将现有模拟信号转化为数字信号播出，要求在接入网局端加装模数转换装置，并在用户端加装机顶盒（STB）进行信号调制输出。据国家广电总局公布的2021年统计公报数据显示，截至2021年底，有线电视网络整合与广电5G建设一体化加快发展，全国有线电视实际用户数2.04亿户，同比下降1.45%；高清和超高清用户1.09亿户，同比增长7.92%；智能终端用户3 325万户，同比增长11.39%。有线电视双向数字实际用户数9 701万户，同比增长1.57%，高清超高清视频点播用户3 992万户，占点播用户的比例达95.3%。全国交互式网络电视（IPTV）用户超过3亿户，互联网电视（OTT）用户数10.83亿户，互联网视频年度付费用户7.1亿户，互联网音频年度付费用户1.5亿户，短视频上传用户超过7亿户。①

---

① 国家广播电视总局官网．［EB/OL］．http://www.nrta.gov.cn/art/2022/4/25/art_113_60195.html.

广电网络要实现三网的业务融合，还要同时进行双向改造，广电双向网双向化改造以后，单向广播电视业务继续保持原有的HFC逻辑链路，双向业务路由和逻辑分层与采用的网络双向化改造技术相关。

首先要对广电网进行网络升级。传统的广播电视网络是单向传输的，只能向观众传送信息，无法实现信息的反馈和互动。为了实现双向通信的功能，需要对网络进行升级，增加双向通信的模块和设备。也就是将原来只有下传信道的有线电视网改造为750M以上（有线通目前的传输介质是860M的有线网络），并在其中开辟出一定的频率范围作为上传信道，具有双向交互式传输功能的有线网络。升级后的网络可以向观众发送信息，同时也能够接收观众的反馈信息。

在设备改造方面，广电双向网改造还需要对设备进行改造。为了实现双向通信的功能，需要安装新的设备，包括双向机顶盒、双向智能电视等。这些新设备可以与广电双向网进行通信，实现信息的双向交流和互动。与此同时，还需要进行应用开发，包括互动游戏、互动直播、在线购物等。这些应用程序可以通过广电双向网向观众推送，观众可以通过双向机顶盒或双向智能电视进行操作，实现信息的双向交流和互动。

服务升级也是改造过程中必须要进行的一步。传统的广播电视网络是单向传输的，观众只能被动接收信息，而双向通信的功能使得观众可以主动参与互动，享受更为丰富和个性化的服务。因此，广电运营商需要提供相应的服务升级，包括增加互动频道、提供个性化推荐服务等，为观众提供更好的服务体验。

广电双向网的出现极大地促进了广播电视与互联网的融合，为观众提供更为丰富和个性化的服务，也为广电行业的发展带来新的机遇和挑战。

2. 电信网的改造

电信网是指以电话、传真等为主要通信手段的传统通信网络，是我国电信行业的重要组成部分。在三网融合中，电信网的作用变得更加重要。它不仅承载了手机通话、短信、语音信箱等传统电信业务，还是宽带接入、企业专线、云计算等新型业务的主要网络基础。因此，电信网的改造和优化对于三网融合的成功实施和电信行业的持续发展具有重要的意义。

电信网的改造方向主要有四个方面。

一是网络架构升级。传统的电信网络架构以分布式、分层次的交换机为主要组成部分，难以满足现代化、智能化、高效率的业务需求。为了适应新时代的发展，电信网需要采用更加高效、可靠的架构，采用云计算、虚拟化、SDN等新技术，实现网络资源的集中管理和灵活配置。同时，网络架构还需要具备高可用性、可扩展性、可维护性等特点，以满足用户日益增长的通信需求。

二是业务支撑系统改造。电信网的业务支撑系统需要与新业务相适应，能够支持多样化的业务需求，包括语音、数据、图像、视频等多种业务。这要求电信网的业务支撑系统要具备高可靠性、高性能、高可扩展性等特点，以支持新型业务的快速发展。同时，业务支撑系统还需要能够快速响应市场需求，提供定制化服务，以满足不同用户的个性化需求。

三是安全保障体系建设。随着电信网的快速发展，网络安全问题日益突出。因此，电信网的改造还需要加强安全保障体系建设，采用最新的安全技术和安全策略，保证网络的安全性、稳定性和可靠性。在电信网的改造中，需要考虑各种安全风险和威胁，包括黑客攻击、病毒、木马、恶意代码、数据泄露等问题。为此，需要建立完善的安全保障体系，包括安全监控、攻击检测、安全认证、安全审计等措施，以保障网络的安全运行。

最后是降低网络能源消耗。电信网是能源消耗比较大的网络，为了降低电费和能源消耗，需要对电信网进行节能改造，采用节能型设备和技术，优化网络结构和拓扑，减少网络设备的冗余和闲置，提高能源的利用效率。同时，可以采用分时段的能源供应策略，优化能源的使用方式和效果。

在改造方案上，电信网采取了多个行之有效的方法，例如构建云化网络，它能够快速配置和部署网络资源，提高网络的可扩展性和灵活性，采用SDN技术，实现网络的集中管理和灵活控制，同时可以降低网络运维成本和能源消耗，再如采用分布式交换机、统一调度平台等技术优化网络架构，实现网络资源的集中管理和快速调度。通过优化网络结构和拓扑，提高网络的可用性和可扩展性，同时可以降低网络的延迟和丢包率，提高用户的通信质量和用户体验。建设安全保障体系也是电信网改造的重要一环，为了提高电信网的安全性和可靠性，需要建设完善的安全保障体系，包括网络安全监控、攻击检测、安全认证、安全审计等措施。同时，需要加强员工的安全意识教育，提高员工的安全防范意识和技能，避免内部安全风险。

3. 互联网的改造

宽带技术的主体就是光纤通信技术，它的原理是利用光导纤维传输信号来实现信息传递的一种通信方式。实际应用中的光纤通信系统使用的不是单根的光纤，而是许多光纤聚集在一起组成的光缆。[①]网络融合时代对宽带技术的要求极高，因为大量多媒体数据需要通过网络上传和下载，尤其在流媒体技术广泛应用的情况下，对于数据传输的要求是极高的，通过一个网络为三网之间提供统一的业务是三网融合的一个主要目的。

过去互联网主要采用"尽力传输"的方式，是一种不使用复杂确认系统来保证可靠的信息传输的网络系统。"尽力传输"最大的问题在于它无法"两全其美"——要么实现大量数据的准确性但忍受由此带来的传输速度变慢，要么忍受数据的部分丢失来保证传输速度。若要实现网络融合，对需要传送的数据平均分配网络资源，"尽力传输"即便再"尽力"也是无法适应比如语音、视频这种实时数据所需的数据实时性和突发性的要求的。若要提供统一业务就必须要有能够支持音视频等各种流媒体业务传送的网络平台。经过改造，互联网开始采用"实时传送"的方式，"实时传送"可以将网络资源按照业务的优先级进行分配，很好地解决数据实时传输和突发数据流的问题。这样一来，业务需求量大、数据量大的问题在它面前也就迎刃而解，服务质量得到了极大的提高。另外，从经济角度来讲，技术改造和应用的成本不宜过高，因此，采用大容量光纤通信技术就

---

① 百度百科. ［EB/OL］. https://baike. baidu. com/item/%E4%B8%89%E7%BD%91%E8%9E%8D%E5%90%88/415568?fr=aladdin.

成了传输介质的最佳选择，这种技术容量巨大且可持续发展，为传送各种业务信息提供了必要的带宽、传输质量和低成本，是"三网融合"中理想的传送平台和未来信息高速公路的主要物理载体。

在三网融合的道路上，技术融合是实现一切目的的技术保障，也是媒介融合的主干融合，为内容融合和网络融合提供技术支撑。没有技术的融合都是乌托邦似的思想架构，无法落地实施。目前，5G+4K或者8K+AI技术支撑下的一系列签约合作正在逐步进行，三网各方虽仍存在政策、经济和技术方面的堵点，但都在中央政策和地方政策的协调下逐步解决，寻找融合契机。灵活搭建平台、重视商业运营、完善相关政策等措施是推进三网融合的关键。

第二节　媒介融合时代的传播特征

身处于群居社会生活中的我们总是或主动或被动地参与到持续不断的交流与传播活动之中，离开与同类和社会的交流能独自存在的人，我们不敢说绝不存在，但可以说是凤毛麟角。自打有了人类，交流与传播这项活动就从未停止。从人类发出的第一声有意义的音符、画下的第一个记录的符号，到技术的进步促进了媒体与传播的革命性变化，在传播的道路上，人类从未停止探索。语言、文字、印刷、出版、电影、广播、电视结合了网络、计算机、移动设备，网络与新媒体完美且坚固地融合了，构建了一种全新的传播形态。早期的传播都以媒介载体差异论短长，而今这种传播方式的区分在网络新媒体时代全然失去意义，信息传播的技术手段、内容形式、传播方式和终端也随之发生了相应的改变。

一、传播全面进入数字化时代

当前，数字经济已成为提升产业竞争力、助推经济高质量发展的重要动力。美国学者尼葛洛庞帝早在其1996年出版的《数字化生存》一书中就提出了数字化的概念，他已经把数字化生存界定为一种生活状态，认为数字化、网络化、信息化使人的生存方式发生了巨大的变化并会给我们带来一种全新的生存方式。

数字时代背景下受冲击最大的自然是传统媒体。在内容输出渠道逐渐增多的今天，传统媒体无法继续固守自己的传统产业链，受众资源在数字时代形成了新的分流，严重触碰到了传统媒体的产业利益链条，市场空间越来越窄。除了利用自身传统产业模式的优势之外，还要根据新产业链的需要创造新增量。在网络新媒体传播方式中，最突出的就是点播和 P2P 模式，这是一种在数字技术背景下实现的新的人际传播方式。在这方面进行改革的传统媒体中，报业的动作可谓大刀阔斧。

在报业领域，《人民日报》的数字化建设一直是业内翘楚，对传统媒体尤其是报刊领域的数字化推进起到了促进作用。

1997年1月1日，《人民日报》创办电子版，也就是"人民网"的前身。这个在1948年6月创刊的报纸，作为党中央机关报长期承担着宣传党的理论和路线方针政策、宣传中央的重大决策部署的重要工作。在媒介融合的道路上，《人民日报》也率先为其他媒体的数字化发展做出了示范和引领。在这之后，《人民日报》借2015年"两会"报道之际开始搭建"中央厨房"，整合了全社采编资源；2018年开设了抖音短视频账号；2019 年开通短视频平台，运用5G、大数据、移动直播、H5、云计算、人工智能等先进数字技术完成了新闻的采集、制作和传播环节的诸多工作。在《人民日报》的带领下，《广州日报》《光明日报》《中国贸易报》等报纸纷纷建立网站。

广播电视领域中的数字化，把多种多样的数字信息资料转换成一系列数字脉冲信息（如二进制编码）进行播放、传输和接收后再把它还原成原来的信息。对于国内多数电台、电视台来说，内容制作上的变化并不大，关键是要实现技术手段的转换和升级。在大趋势推动下，广播电视媒体主动向数字化靠近。

数字音频广播，简称 DAB（Digital Audio Broadcasting），是继我们熟知的AM和FM传统模拟广播之后的第三代广播。它比传统的传输系统有更强的抗干扰性，以往我们在收听AM和FM广播时，无论收听场所是在安静的家中还是在路上行驶的汽车里，都会听到信号传输过程中产生的噪声和声音的失真，DAB技术减少了这种情况的发生，直接提供CD立体声品质，并会修正传输中出现的差错；数字的传输系统需要的发射功率小，既有利于节约能源和降低电磁污染，同时还可以保护环境。1996年12月2日，广东电台音乐之声在即将迎来台庆15周年的前夕开创了中国广播数字化的先河，他们成立了广东电台音乐之声DAB古典频道和广东电台音乐之声DAB流行频道，利用数字技术将品质更高的音乐送到了音乐爱好者和音响发烧友的耳朵里。广东人民广播电台通过互联网播出节目，标志着我国网络广播的正式诞生，同时也意味着我国广播媒体的数字化进程正式开始。1998年8月，中央人民广播电台注册开通了中央人民广播电台网站；2001年9月，中央人民广播电台网站实现了全台8套节目全部上网，在线点播节目增加到32个；2002年1月，网站正式更名为"中国广播网"；2013年8月26日，中国广播网首页、新闻首页全新改版，确立"央广网"为网站简称和品牌标识。到今天为止，我国基本所有的广播电台都已开设了网络广播，并增加了多个平台的节目投放和基于数字技术的实时互动功能。

数字化之前的电视台已经承受了互联网方面的压力，发展空间受到了比较严重的挤压，市场份额已经不再像过去那样占据垄断地位。数字化和网络化能够解决模拟信号无法解决的网络电视资源受限等问题，有线电视所能够包含的容量得到了极大的丰富和扩充，有线电视业务的承载范围和能力也会随之显著提升。以中央电视台为例，早在1995年，中央电视台就已经建立起我国第一个数字演播室、后期制作机群和数字播出系统，是国内电视台在数字化的进程上起步最早的一家，到2007年已经全面实现了节目制作的数字化。2005年，我国省级以上广播电台、电视台基本实现采、编、播数字化和节目传输、交换网络化。

从中国互联网络信息中心2020年3月发布的报告中可以看到，我国网民规模已经达到9.04亿，相比2018年底增加7 508万，互联网普及率达到64.5%；手机网民规模达到8.97亿，网民通过手机上网的比例高达 99.3%。

这一数据距互联网在中国普及（1994年）仅仅过去了16年，这足以表明，数字技术的应用对民众的生活影响越来越普遍，用户对数字技术的依赖也越来越重。人们借助数字技术和网络技术实现了传播的无限性和资源的共享性，媒介信息的传播和互动突破了种种藩篱，一次又一次地带给大众惊喜。实现数字化后的媒体打破了传播边界，不仅融入了组织传播的功能，还融入了更多的交互功能，也逐步实现了人际传播的特质。

数字化时代的传播就是借助数字传播技术将先前各种独立的传播形态进行整合，尤其是人际传播与大众传播结合的传播方式，既加强了大众传播的深度和广度，又扩大了人际传播的范围、扩充了人际传播的信息资源。在数字化的传播矩阵下，信息传播效果更强、速度更快、容量更大，成本更低，数字新媒体传播整合将成为当今数字新媒体传播的一种趋势、一种必然。

二、报道内容丰富

（一）报道文稿的丰富性

媒介融合时代的现场报道文稿越来越注重它的生动性和表现力。

首先，现场报道不再是简单的新闻事件的梳理，报道者本人以及新闻事件中的相关人士的情感表达也越来越受到重视。例如，在一场大规模的自然灾害或人为事故发生时，现场报道不仅会报道事件的客观事实部分，还会通过对受灾者或遇难者家属的采访，表现他们的悲痛和哀伤，让读者感受到事件的严重性和影响。这种情感的表达也使现场报道更具有感染力和传递力。

其次，媒介融合时代的现场报道不仅注重事实的客观性，鉴于传播面和影响力的空前繁荣，如今的现场报道更加注重对事件的深度分析和思考，从更加专业的角度为用户提供新闻事实以及发挥传播、带动、引领、教育的功能。例如，在报道一场重大的社会事件时，现场报道会对事件的背景、原因、涉及的人物和机构等进行深度分析，让读者对事件的全貌有更加深入的了解。

（二）图像报道的多样性

首先，媒介融合时代图像报道的多样性体现在其表现形式上。传统的平面媒体，如报纸和杂志，在图像报道中使用的主要是静态图片。然而，在媒介融合时代，随着互联网和社交媒体的发展，视频、动态图像、交互式图像、虚拟现实等新的图像表现形式也得到了广泛应用。这些新的表现形式不仅能够更加生动地表现事件和人物的情感、细节，也能够使观众身临其境，更加深入地了解报道内容。

其次，媒介融合时代图像报道的多样性体现在其来源上。在传统的媒体环境下，图像报道的来源主要是新闻机构和专业的摄影师。而在媒介融合时代，社交媒体和智能手机的普及使得普通人也能够成为图像报道的来源。通过多种社交媒体，人们可以直接分享他们的所见所闻，这些图像不仅可以为新闻机构提供珍贵的报道素材，也能够让人们更加广泛地了解事件本身。

再次，媒介融合时代图像报道的多样性体现在其传播途径上。传统的媒体环境下，图像报道主要通过报纸、杂志、电视等传统媒体进行传播。而在媒介融合时代，图像报道通过互联网、社交媒体、移动应用等多种途径进行传播。这种多元化的传播途径不仅能够使报道更快地传播和被观看，也能够让观众更加自由地选择他们想要看的报道内容和形式。

最后，媒介融合时代图像报道的多样性体现在其表现对象上。传统的图像报道主要关注于政治、经济、文化等公共领域的事件和人物。而在媒介融合时代，图像报道不仅扩展到了社会生活的各个领域，也开始关注那些被忽略或被边缘化的人群和事件，如性别平等、环保、贫困地区、难民等。媒介技术的进步让报道范围得到扩大，从而更全面地反映社会的多样性和复杂性。

三、"小屏"用户成为主流

2022年中国互联网络信息中心（CNNIC）发布的第50次《中国互联网络发展状况统计报告》显示，截至2022年6月，我国网民规模为10.51亿，互联网普及率达74.4%，较2017年提高了24.1%。我国网民规模较2021年12月新增1 919万，人均每周上网时长为29.5小时，网民使用手机上网的比例达99.6%，相较于五年前的使用率（95.1%）提升了4个百分点，使用台式电脑、笔记本电脑、电视和平板电脑上网的比例分别为33.3%、32.6%、26.7%和27.6%。我国短视频用户规模达9.62亿，较2021年12月增长2 805万，占网民整体的91.5%；网络新闻用户规模达7.88亿，较2021年12月增长1 698万，占网民整体的75%；网络直播用户规模达7.16亿，较2021年12月增长1 290万，占网民整体的68.1%。①从报告数据中我们可以清晰地看到，网民手机使用比例已经远远超过了其他PC设备，自2014年手机首次超越传统PC上网比例成为第一大上网终端设备后，霸主地位持续得到巩固，成了如今的主流上网终端，态势持续强劲，短时间内无回落可能。

因此，小屏时代的到来已是毋庸置疑、大势所趋，它让用户的个性化选择成为一种可能和必须，也推动整个媒体行业和设备开发商不断提升质量。在被许多业内人士称为视频直播元年的2016年，国外有欧盟与土耳其峰会在Facebook上的直播以及德国国家电视台记者Richard在Skype上对尼斯国庆日卡车杀戮案的直播等，国内有腾讯视频《撒呦娜拉，车站酱》在移动客户端的拍客直播和新京报"我们视频"的上线直播。小屏这种"就在眼前"的魅力在网民手中徐徐展开……

小屏用户能够成为媒介融合时代的主流，主要在于"小屏"传播具备如下几个鲜明的特点。

（一）时效性强，携带方便

用户可以随时随地获取最新的新闻资讯。相比传统媒体，"小屏"传播的速度更快，可以及时反馈最新的事件发展情况，提高了新闻传播的时效性。

相较于传统媒体设备终端来说，智能手机身兼多职且功能完备，在5G

---

① 中国互联网络发展状况统计报告．［EB/OL］．http://www. gov. cn/xinwen/2022-09/01/content_570 7695. htm.

技术的加持下迅速成为用户不可离身的"器官性"存在。对于视频输出终端来说，它是揣在兜里的电视和收音机，破除了收看地点的限制后，随时随地看天下不再是异想天开。在小屏时代之前，时常有人在地铁口、公交站附近的书报亭里买份报纸或者杂志用以打发乘车时间，处于"等候"状态下的人们多是来回踱步或驻足神游，以上的场景在小屏时代的中国近乎绝迹。时间的"碎片化"不再会成为问题，反而是小屏设备施展才华的绝佳平台。

智能手机的"短平快"内容可以让用户最大限度地利用碎片化的时间获取信息、浏览新闻、收看视频、阅读小说、学习语言……任何带有"输入"性质的活动需求几乎都可以在这方小小的屏幕上得到满足。而强大的数字技术使得小屏设备中既有像现场直播突发新闻、重大赛事、民生热点等能满足时效性要求的内容，又有打破了"过时不候"壁垒的可无限次不限时回看的内容。"我一直都在"的这种服务属性大大增加了用户对于小屏设备的安全感和依赖性，使得以年轻人为主要占比的用户群体规模呈现直线上升态势。2008 年北京奥运会时，用 PC 或笔记本来关注奥运会的网民占总量 76% 左右，当时通过手机移动客户端关注奥运会的人群比例只占总量的 36%。而到了 2012 年，这两个数字则分别变成了 57% 和 51%。而由前文提到的手机用户网民占比99.6%的数据可以明确，小屏魅力已经在各个年龄层展现。

（二）信息量大

谈及小屏信息量大的这个特点，让人想到了"麻雀虽小五脏俱全"的比喻。虽然屏幕较小，但随着技术的不断发展，小屏移动设备的信息呈现能力也在逐渐提高，并且小屏的信息呈现早已突破了文字和图片的界限，音频、视频等多种形式都可以在手掌中得以体现。这使得"小屏"传播的信息量越来越大，能够满足用户对于多样化、多媒体形式的信息需求。

（三）个性化推送

小屏设备对于用户来说具备智能的个性化推送功能，它基于移动设备的便携性和用户习惯，能够根据用户的行为、地理位置、兴趣爱好等信息向用户推送符合其需求和兴趣的内容。这种推送方式可以提高用户体验，提升用户忠诚度和满意度，同时也能够为移动应用提供更好的商业模式，向用户推送与其相关的新闻资讯。这种个性化推送模式，提高了新闻传播的效果和精准度。

移动设备进行用户个性化推送的方法主要有四个。

一是用户画像。移动设备可以通过用户注册信息、搜索历史、购买记录、浏览行为等数据，对用户进行分析和建模，形成用户画像。用户画像包括用户的基本信息、兴趣爱好、消费习惯、地理位置等，可以作为推送内容的参考。

二是推荐算法。推荐算法是实现个性化推送的核心技术，主要包括基于内容的推荐、协同过滤、深度学习等。基于内容的推荐是通过分析用户的历史浏览记录和搜索关键词，向用户推荐类似的内容。协同过滤是通过分析用户和其他用户的历史行为，向用户推荐与其兴趣相似的内容。深度学习是一种基于神经网络的机器学习技术，可以对用户进行更加准确的画像和推荐。

三是行为分析。移动设备可以通过监测用户的行为，包括点击、观看、购买等，对用户的偏好和需求进行分析，从而向用户推荐符合其需求的内容。例如，如果用户在一个购物应用中频繁浏览某个品牌的商品，移动设备可以向其推送该品牌的新品或促销信息。

四是位置服务。移动设备可以通过GPS定位、WIFI等技术获取用户的位置信息，并将其与商家的位置信息进行匹配，向用户推送周边商家的促销信息或推荐。

移动设备的用户个性化推送是通过分析用户的行为和兴趣，建立用户画像，运用推荐算法和行为分析等技术，向用户推送符合其需求和兴趣的内容。这种方式不仅可以提高用户体验和商业价值，也有助于移动应用的用户增长和用户留存。

（四）互动性充分

移动设备普及的同时，社交媒体的应用也越来越广泛，小屏设备为社交媒体报道的互动性提供了强有力的技术支撑。"小屏"传播利用社交媒体的互动特点，可以更好地实现用户与新闻事件的互动，用户可以通过社交媒体分享自己的看法、评论，与其他用户进行交流和讨论，形成更加广泛的社会效应。"巴掌大"的一块设备在让观众第一时间了解事件的最新进展和现场动态的同时，在输入框内闪动的那一条短短的输入标志配合着智能输入法和无数表情包，让用户有一种"与世界的沟通就在手中"的快感。在媒介融合时代，用户在直播、微博、微信、Instagram等平台用评论、点赞、分享等方式对事件进行互动和参与，小屏设备赋予的"参与感"功能是其他设备终端无法企及的。

（五）跨平台多端支持

"小屏"传播在不同平台和终端上都有着广泛的应用。例如，用户可以通过手机App、微信公众号、移动端网页等多种方式获取新闻资讯。这种跨平台多端支持，能够满足用户的不同使用需求，提高了新闻传播的覆盖面和传播效果。

移动设备的跨平台多端支持是指移动应用能够在不同操作系统和设备上实现统一的用户体验和功能。移动设备可以通过以下几种方式来实现跨平台多端支持。

一是响应式设计。响应式设计是一种适应不同屏幕大小和分辨率的网页设计方法，可以通过CSS媒体查询和flexible布局等技术，根据不同设备的屏幕大小和分辨率，动态调整网页的布局和样式，以适应不同设备的显示效果。移动应用可以采用响应式设计，通过统一的代码库和资源库，实现在不同设备上的自适应布局和风格。

二是HTML5技术。HTML5技术提供了一系列跨平台的应用程序接口（API），包括设备访问、存储、网络通信等，可以实现移动应用的跨平台开发。HTML5应用可以通过浏览器或WebView组件运行在不同操作系统的设备上，同时也可以通过Hybrid方式，将HTML5应用打包成原生应用，获得更好的用户体验和性能。

三是跨平台开发框架。跨平台开发框架是一种可以在不同操作系统和设备上编写一次代码，实现多端支持的开发模式。跨平台开发框架包括React Native、Flutter、Ionic等，它们提供了一系列跨平台的UI组件和API，可以实现类似原生应用的用户体验和性能。

四是云服务。云服务可以将移动应用的业务逻辑和数据存储在云端，通过API提供给不同平台和设备的移动应用使用。云服务可以实现多端同步、多端协同和数据共享等功能，为移动应用的跨平台多端支持提供了可靠的基础设施。

第二章　媒介融合背景下的出镜记者

第一节　出镜记者的界定

"记者"一词最早诞生于16世纪欧洲的港口城市——意大利威尼斯。当时作为交通枢纽的威尼斯已经出现了资本主义的萌芽，人们需要了解有关市场需求、商业行情、交通、经济、政治、军事、宗教信息等情况，于是顺应时代的发展，有人以采集和买卖相关的信息为生，久而久之产生了专门的职业，成了最早期的新闻记者。

在中国最早期的新闻工作中，编辑和记者没有明确的分工。电视台里从事采访报道的专业人员以及负责前期采访、出镜报道、摄像、后期编辑的人员都可以称为记者。后来随着电视事业的发展，电视台的分工也逐渐细致，专业性的要求也逐渐严格，继而区分出文字记者、出镜报道记者、摄影记者，同时也按照专业划分出了时政记者、农业记者、驻外记者、军事记者等等。随后中央电视台针对记者这一职位制定了《电视记者岗位规范》，进一步细化了记者的岗位职责、素质要求及经历和其他要求。

一、出镜记者的定义

出镜记者这个词在中国社会科学院语言研究所词典编辑室编写的《现代汉语词典》中并没有一个明确的解释。英文中对于出镜记者一词的表达为On-camera correspondent and reporter，直译为在镜头前的现场记者和通讯员，其中correspondent是指在某一领域有专长的记者，reporter是指不要求在某个领域拥有技能专长或专业知识的记者。从字面意思来看，出镜记者是指能够在镜头前准确报道新闻事实的记者。现阶段相关的研究中，不乏对于"出镜记者"的定义，但没有统一的规范定义。中国传媒大学宋晓阳所著的《出镜记者现场报道指南》一书最早将新闻报道和现场评论划定为出镜记者的业务范围。其对"出镜记者"的定义为："在新闻现场，在镜头中从事信息传达、人物采访、事件评论的电视记者和新闻节目主持人（新闻主播）的总称。"[①]中央电视台高级记者童宁在《电视记者新概念》一书中对出镜记者的定义为："出镜记者是负责站在镜头前报道的记者。"[②]在中国传媒大学朱羽君教授和中国人民大学雷蔚真教授合著的《电视采访学》中对出镜记者的定义为："在电视采访中出现在镜头里的记者和主持人。"[③]中国人民大学高贵武教授在他的专著和论文中有关于"出镜报道"的明确定义，但对于"出镜记者"的概念，他并未做出明确的定义。高贵武教授认为记者以个人身份出现在除演播室之外的场景中面对观众、面对镜头进行的报道就可以称为电视出镜报道。从各个观点中，我们可以总结出关于出镜记者概念共包含了几个要点。第一点是出镜记者一定要出镜；第二点是记者出镜报道一定要有新闻现场；第三点是在报道中不仅要使用有声语言，还要熟练运用非有声语言。

出镜记者一定要出镜。出镜记者与摄影、文字记者、编导不同，出镜记者需要从幕后走到镜头前，出镜记者采访报道的整个过程会被摄像机记录下来。在出镜记者参与采访报道活动时需要找到节目的侧重点，并且引导摄像进行拍摄，以确保节目能更全面地呈现在观众面前。此时的摄像机是向观众传递信息的必要工具，出镜记者与镜头的交流就等同于与观众的交流。出镜记者与镜头的互动会增加记者的对象感，明确的对象感会影响出镜记者的新闻报道影响力和观众对新闻报道的理解。

记者出镜报道一定要有新闻现场。这个新闻现场可以是新闻事件发生的第一现场，也可以是和新闻相关的第二现场。举例来说，发生火灾、

① 宋晓阳.出镜记者现场报道指南［M］.北京：中国广播电视出版社，2008.

② 童宁.电视记者新概念［M］.北京：中国广播电视出版社，2004.

③ 雷蔚真，朱羽君.电视采访学［M］.北京：中国人民大学出版社，2018.

爆炸、交通事故等事件，记者赶往现场进行新闻的出镜报道是第一新闻现场，在事情发生后举办的新闻发布会，或是去相关负责的政府部门进行采访是第二新闻现场。如果在新闻事件发生后，出镜记者选择了与事件毫不相关的场景进行新闻报道，那这样出镜记者所进行新闻报道是无意义的。因此，记者出镜对新闻事件进行报道时，因为时间、空间等元素给观众提供了更直观的信息，同样提升了新闻的价值。因此记者出镜报道一定要有新闻现场。

在报道中不仅要使用有声语言，还要熟练运用非有声语言。有声语言是出镜记者进行新闻报道的主要工具，不仅包括记者面对镜头进行播读、叙述和评论，同样也包括出镜记者在现场的采访和与观众的交流。出镜记者不仅要思维清晰，语言逻辑明确，还要具有在镜头面前的表现力，能够在镜头前充分利用肢体语言、神态表情、穿着打扮和其他一切能够帮助新闻更完善的外部因素，来增加新闻报道的最终效果。能够利用其他视听元素为自己的新闻增色是出镜记者区别于其他记者的基本特征。

二、出镜记者的由来

（一）出镜记者的发展历史与演变

在世界媒体发展的历史上，广播的诞生早于电视，电视节目的创作基础大多模仿和借鉴于广播节目，现场报道的方式也不例外。广播节目中记者采用现场报道的形式可以追溯到1940年，在一档《这里是伦敦》的新闻节目中，美国著名广播记者爱德华·罗斯科·默罗（Edward Roscoe Murrow）首次使用现场报道的方式。其客观冷静的报道风格赢得了美国观众的信任，后来成了美国家喻户晓的电视节目主持人，被誉为电视新闻节目的先驱、广播记者的一代宗师，不仅如此，他也是广播电视节目现场报道的先行者。

在20世纪70年代初期，科学技术的进步为传媒行业提供了新的可能。美国电视界率先运用电子新闻采集系统（Electronic News Gathering，简称ENG），这可以使记者在新闻现场使用便携的摄像、录像设备来采集新闻，后期在电子设备上进行剪辑。剪辑完成后可以通过与电缆通信、微波通信、卫星通信技术结合，实现新闻直播，提高新闻实效性。这项技术在美国最早投入使用，而后很快在欧洲、日本等发达地区和国家普及。

1963年11月22日12：30分，美国第35任总统约翰·菲茨杰拉德·肯尼迪在乘坐敞篷轿车驶过得克萨斯州达拉斯的迪利广场时遭到枪击身亡。刺杀肯尼迪的凶手李·哈维·奥斯瓦尔德在从警局押往监狱途中被夜总会老板杰克·卢比枪杀。正在现场进行报道的美国哥伦比亚广播公司（CBS）记者丹·拉瑟（Dan Rather）在事先毫无准备的情况下，直接面对镜头向观众报道了此次事件的经过，并且通过卫星做了同步实况转播。丹·拉瑟应该算是历史上第一位真正意义上的出镜记者，通过报道肯尼迪遇刺事件使他一举成名。后来，他成为美国最著名的记者型主持人。此次直播标志了电视出镜报道的正式诞生。

1931年10月31日，丹·拉瑟出生于美国。1957年，他独自一人在加尔维斯顿气象大楼现场报道了得克萨斯州海岸发生的一次特大飓风。他因此闻名全国。1963年成为CBS入驻白宫记者；1972年，他跟随尼克松总统出访中国，成为第一批到中国的记者之一；1975年，丹·拉瑟加入CBS新闻杂志节目《60分钟》，1988年又在CBS开始主持《48小时》。在他一生的从业生涯中，他到过动乱的南方报道民权运动；报道过"水门事件"；亲历过越南战争、海湾战争、伊拉克战争；还揭露过美军虐待俘虏的真相。丹·拉瑟是美国历史上唯一一个两次采访伊拉克总统萨达姆的记者。

1968年，美国哥伦比亚广播公司开始播出新闻杂志节目《60分钟》（*60 Minutes*），[①]节目的开始会介绍整期节目的主要内容，并把本期节目即将播出的内容中精彩的片段进行展示，随后记者们会作为各自采访部分的主持人，并由最后一位记者进行节目的结束口播。这档节目用纪实的手法把记者进行调查报道的新闻完整地展示在节目中，将记者和主持人的

---

① 百度百科．［EB/OL］．https://baike.baidu.com/link?url=e0GQl-ErL-Z3Enz_AwBmajwfDcaIh5V
fcidzRTALw7W5qQj7RSbJxRIShsHW0W4YAmd6WYqVWnPJiaUJpTP-danU-z5gd0lF37UbJC6
Om6N4cSeRhyVmh4x3GnPH2n1K.

角色和工作完美地结合在了一起，成就了一批对美国社会舆论产生重要影响的记者型主持人，如迈克·华莱士（Mike Wallace）、哈里·里森纳（Harry Reasoner）、莫里·塞弗（Morley Safer）、丹·拉瑟等等。

不仅如此，《60分钟》节目内容也是十分广泛的，从名人逸事、社会热点、历史事件再到日常琐事，并且无论是哪个方面的新闻都能够凭借独有的讲故事的本领吸引观众。这些都为《60分钟》栏目奠定了坚实的观众基础，收获了极高的赞誉。

1980年6月1日，特纳广播公司（TBS）特德·特纳于美国佐治亚州的亚特兰大创立美国有线电视网（Cable News Network，简称CNN），这是世界上第一档通过卫星向有线电视网和卫星电视用户提供24小时全天候服务的新闻节目。CNN开创了一个电视新闻的新时代，现场报道也是其标志性的报道方式。通过对第一次海湾战争的现场报道使CNN的新闻报道影响力超越美国全国广播公司（NBC）、美国广播公司（ABC）、CBS三大电视网成为全世界最具有影响力的新闻媒体之一，一时间成为世界很多国家电视新闻媒体借鉴和模仿的对象，对世界各国新闻媒体的节目样态和运营方式产生了影响。在2003年以美国为首发动的伊拉克战争中，CNN改变了现场报道的形式，让多路记者跟随美军的军队、战舰、战机进行采访，记者们深入战争一线，采用现场直播的方式。让观众更加直观地看到战争真实的样子。伊拉克战争之后，随着经济和技术的发展，出镜记者现场报道的节目形态在世界各国电视新闻媒体中流行起来，直播的方式也逐渐常态化。

（二）我国出镜记者的发展

与欧美国家相比，我国电视发展相对较晚，又因政治、经济和文化发展背景的差异，我国媒介属性和管理制度有所不同。1958年我国第一家电视台——北京电视台开始试播，这也是中央电视台的前身。不久口语形态的消息类新闻节目——《简明新闻》开播，但当时并没有专职的播音员，稿件和播音员都是由中央人民广播电台所提供的，并且节目形式也是参考电台节目，播音员由中央人民广播电台播音部调入北京电视台的沈力担任，她也成为我国首位正式的电视新闻播音员。1982年，中央电视台《为您服务》栏目设立，沈力担任主持人，因此她成了我国电视史上第一位电视节目主持人。在北京电视台初创的一年多时间里，沈力一个人完成了北京电视台全部的国内国际新闻、文体节目、专题节目的播音与主持工作。她以端庄大气、温文尔雅的东方女性形象征服了亿万观众的心。1959年，赵忠祥被选入北京电视台工作，成为我国第一位电视男主持人、播音员。

　　我国早期电视新闻节目类型相对较少，内容缺乏多样性。此时西方电视新闻媒体中出镜记者现场报道的方式已经趋于成熟，而我国的出镜记者因受到了时代背景和技术条件的限制，新闻报道的内容大多集中于国家大事的告知型新闻内容，曾被批评内容死板、节目千篇一律、让人感到枯燥乏味，甚至一度连播音员的名字都不许出现在屏幕上。当时的电视新闻节目从整体上看缺乏活力，受到政治宣传内容的束缚。这种情况在"文化大革命"结束后得到了改变。1978年1月1日，我国最具有影响力的电视新闻节目《新闻联播》开播，这档节目每日19：00播出，最初时长为20分钟，当时新闻的时效性较差，且只采用新闻配乐的方式。1981年7月1日《新闻联播》取消新闻配乐形式，改为播音员口播新闻进行串联。

　　从播音员到主持人的转变，我国可以最早追溯到1980年。中央电视台新闻评论节目《观察与思考》于1980年开播，由于节目组经费紧缺使栏目组被迫进行栏目创新，因此加入创新环节——现场报道。也正是由于这一改变，让制作组在出镜记者的称呼上犯了难。经过多次探讨，最终决定让播音员出身的庞啸以"主持人"的身份出镜。节目中一改在传统的演播室模式，记者走到户外进行一段导语播报，或者以新闻事件为切入点发表一些评论。《观察与思考》的第一期节目的主题为《北京人民为什么吃菜难》，在节目中播音员庞啸以记者的身份对北京居民进行了采访。这次采访也被认为是我国电视史上第一次具有真正意义的出镜记者采访。虽然现在看来只是一些简单的尝试，但却是中国电视媒体的一个里程碑式的开端。从此之后，以央视为代表的各级电视台就把现场报道的形式越来越多地使用在各类电视节目中。

　　1996年，以美国老牌新闻杂志节目《60分钟》为参照创办的新闻调查类栏目《新闻调查》开播。节目以记者调查为新闻事件的发展线索，在节目中用纪实的手法将事件的原貌呈现在镜头中。这种形式在中国率先使用，将现场报道的方式推向了一个崭新的高度。白岩松、敬一丹、柴静、王志都是由《新闻调查》栏目培养出的优秀出镜记者，这些人有一部分最终转型为记者型主持人，并成就了一批出镜采访的经典之作，如：白岩松的《岩松看台湾》、柴静的《看见》、王志的《面对面》等等。随着《新闻调查》的开播，其所起到的示范效应和明星效应在全国各级电视新闻媒体中掀起了改革的浪潮，各级电视台也开始进行记者型主持人现场出镜采访的尝试。

1987年上海电视台推出国内首个新闻杂志类栏目——《新闻透视》，节目鼓励主持人深入挖掘新闻，走入新闻现场，进一步参加节目的采访与拍摄的环节，并且增加了主持人与观众互动的环节。出镜记者会在直升机上向观众介绍黄浦江工程顺利完工背后的故事，出镜记者会在人们抢购住房储蓄券的现场进行采访，以此引出住房制度改革的话题，除此之外，节目还关注了交通问题、商品质量问题、公共财物被盗的问题等等。至今《新闻透视》已播出三十多年，在《新闻透视》三十年的宣传片中写了这样一句话，记者换了一代又一代，但是为了真相奔走，为人民立言的栏目宗旨却代代传承。秉承着这样的节目宗旨，记者们走在新闻第一线，为《新闻透视》节目留下了一系列有社会影响力的好节目，如《南浦大桥成为上海人民心中的丰碑》《于双戈杀人案追踪》《彩虹从浦江升起》《轮渡事故的反思》《新客站的困惑》《上海公交变奏曲》等等。可以说，记者是杂志类新闻节目的灵魂，更是一档节目的"招牌"，对节目的成功与否起到关键作用。《新闻透视》的成功为之后的《焦点访谈》《东方时空》等节目提供了有益的经验，为出镜记者现场报道的方式奠定了坚定的实践基础。除此之外，还有河北电视台的《新闻广角》、辽宁电视台的《辽宁新闻》、山西电视台的《记者新观察》、福建电视台的《新闻半小时》等等。一时间，出镜报道的形式成为中国电视新闻报道中最流行的方式之一，其中很多节目中记者的出镜采访占据了近一半的节目时长。当时对于出镜记者现场报道形式的尝试与探索，为日后我国出镜记者在电视新闻报道领域的发展积累了经验。

1992年10月1日《中国中央电视台新闻》（1994年改名为《中国新闻》）开播，记者高丽萍在天安门广场进行了三分钟的现场报道。高丽萍向观众介绍了国庆节当天天安门广场的现场情况，介绍了广场的布置是什么样的、国庆节当天广场上的变化、有哪些人来到了广场、人们都在做些什么等等。当天的新闻几乎没有加入解说词，而是全程使用现场采访同期声。有人将这次采访称为中国电视新闻报道中第一次真正意义上的出镜记者报道。

不仅如此，伴随着科技的进步，直播的方式在电视节目中逐渐被使用，特别是一些重大的新闻事件的现场直播。中央电视台自1997年起，凭借着对1997年香港回归、长江三峡大江截流、神舟五号载人航天飞船升空、5·12汶川大地震、北京冬奥会等一系列国内外大事件和历史重大节点中的直播报道打造了无法撼动的金字招牌。当然，这离不开记者们的努力。在直播节目的出镜现场报道中是由记者作为主体向观众去介绍整个事件的。负责重大新闻直播的记者通常是像白岩松、李小萌、王宁、张泉灵等已经在央视主持其他节目有着丰富主持和采访经验的主持人。这些主持人大多是从记者转型为主持人的，他们不仅具备主持人的形象条件还具备了记者的采访功底，这使他们在直播现场面对镜头能够从容应对。2003年央视新闻频道开播，全国各级电视台的新闻直播节目层出不穷，出镜记者现场报道的形式逐渐成为常态化。

1999年崔保国以媒介融合为关键词发表论文《技术创新与媒介变革》。2006年开始，蔡雯、彭兰等学者开始对媒介融合进行本土化研究。2016年2月19日，习近平总书记在中央电视台视察时曾指出："媒介融合是非常重要的，是下一步媒体人的工作方向"。[①]在随后的发展历程中，我国

---

① 中央电视台官网．［EB/OL］．http://m. news. cntv. cn/2016/02/19/ARTIy7tbbVTRTbzOr3WT4Irp 160219. shtml.

融媒体发展迅猛，对媒介融合的研究成为新闻传播学的学术热点。2018年10月，港珠澳大桥开通仪式举行，央视记者赶赴通车现场，在通车之前采用直播一镜到底的形式，带着观众们跨越伶仃洋，全程穿越港珠澳大桥。通过出镜记者对现场情况的介绍和对整体事件的深度解析，让观众能够在看到新闻现场的同时对事件始末有更深入的了解。

三、出镜记者的分类

出镜记者是对于出现在镜头前进行信息报道的记者的总称。从不同角度去分析，出镜记者的类型众多，但现阶段并没有完整的对于出镜记者的明确分类。根据不同的角度将出镜记者进行更细致的分类，可以让大家更全面地了解出镜记者。

（一）按照节目类型与报道性质分类

根据出镜记者所在新闻节目的类别、报道的性质可以分为：新闻消息类出镜记者、新闻专题类出镜记者、人物访谈类出镜记者。

1. 新闻消息类出镜记者

这一类的出镜记者在新闻消息中的出镜时长较短，多为现场情况描述和对相关人员的简单提问或是与演播厅内的主持人进行连线。如新华社新媒体账号在2023年3月19日发布的《记者观察：科技创新如何助推种业振兴》中，记者对2023年中国天津种业振兴大会进行了出镜报道。

【案例1】20230319有关天津种业振兴大会的报道

视频文案：

新华社记者：农业现代化，种子是基础，种子是农业的芯片。中国农业用地规模巨大，也需要体量巨大的农作物种子。记者在"2023中国天津种业大会"上了解到，科技在种子繁育、种子推广中的作用越来越大。与会专家表示，要进一步加强科技在育种中的作用。

赵恒：随着咱们人民生活水平的提高，把育种向品质、优质的方向发展，这些都需要咱们现代科技的支撑。过去咱们传统的（做法）就是杂交，现在已经到基因工程和分子细胞的这个水平。就是咱们育种的时候能够预判繁育出来的种子是什么样的。这样就能大大缩短育种的周期。

陈曦：其实现在人工智能和我们育种很多方面是可以结合的，比如说原来我们在育种的过程中都是要人工到田间数种子，现在只需要拍张照片，我们所有的数据都可以展现出来，包括在测产量的过程中，我们用手机在田间拍一拍，这个产量就全部可以计算出来。这样大大降低了人工的成本，再一个，数据都可以保存起来。原来都是靠经验、靠文本，现在都是靠数据化、信息化、人工智能化的方式。

在这则全媒体报道中，没有主持人，只有出镜记者对现场情况进行了简单的报道，并对相关的人员进行了采访。出镜记者采访在媒体融合环境下被更多地单独使用，不再拘泥于主持人和演播室连线。

2. 新闻专题类出镜记者

这一类的出镜记者大多贯穿在选取的新闻专题中，对整个新闻事件进行调查和采访，并对新闻当事人进行提问，或者对新闻事件进行阶段性的归纳，发表简单的评论。如在2021年10月23日播出的《新闻调查》节目中，出镜记者柴璐报道了发生在浙江杭州的未成年人被侵害案件。

【案例2】《新闻调查》20211023 照亮隐蔽的角落
视频文案：
民警：当时小女孩躺在病床上，要准备进行手术了。
出镜记者：她状态是什么样的？清醒的还是昏迷的？
民警：清醒，但情绪比较低落，不愿意配合我们，保持那种沉默的状态。
……
柴璐：我听说这个小女孩做完手术醒来之后，她第一个要找的人就是她这个所谓的爸爸，她管这个犯罪嫌疑人叫爸爸。
民警：对，其实两个人的关系平时是比较好的，嫌疑人还给小女孩零花钱，用那种诱骗的手段，给小女孩几块钱，给她一点好处。

柴璐：就是小女孩会认为这个人是离我很亲近的人。

······

（结尾）

柴璐：截至目前，入职审查和强制报告制度已经伴随着未成年人保护法正式实施了快五个月的时间了。我们知道每一项法律制度的出台都伴随着迫切的社会需求。建立规范的法律文本，最终才能落实于有效的司法实践，整个过程中，最初的建章立制是最艰难而曲折的，因为它不只需要专业智慧，更需要探索者敢于破解社会难题的勇气。回望这两个制度的设立过程，我们看到了不同层面的职能部门和个人，他们曾经做出的努力。他们面对过争议、阻挠、失败，但是最终走到了制度的立法，这一路上的所有人，都值得我们致敬。但一项法律制度的出台，还仅仅是开始而已，能够让它真正成为法律利器，激活制度、保护孩子，还需要每一个公民挺身而出和参与其中。

在这期节目中，柴璐作为出镜记者，对民警、学校领导、法院等相关人员进行采访。节目中出镜记者所占比例不大，主要是通过简单提问的方式还原、深挖整个事件，并在最后对整个事件进行了总结。这类节目主要是针对类似的新闻事件，如日常消息报道、直播和连线报道等等，这就是典型的新闻消息类出镜记者。

3. 人物访谈类出镜记者

如：中央电视台《面对面》的董倩、凤凰卫视《杨澜工作室》的杨澜、《鲁豫有约》的鲁豫等等，这一类的出镜记者往往以某一新闻事件为依托，在节目中对新闻人物进行一对一甚至一对多的采访。

【案例3】《面对面》20230312霍启刚 传承爱国心

视频文案：

董倩：为什么要想着为国家做事？

霍启刚：第一我觉得家庭多少肯定有影响，我长大了很多身边的朋友都跟我说，我以前认识你爷爷的，他做了多少贡献、多伟大，但是反过来我爷爷以前经常说的，他说不是说我为国家做了什么贡献，而是国家给了我机会，我可以贡献我一点绵力。他的这个思考是这样子……

（配音）2001年北京申奥成功时，当时身在北京的霍启刚也随众人走到天安门广场欢呼庆祝。

董倩：当时作为一个年轻人，远远旁观着，当然也是身在其中，会是什么感受？

霍启刚：非常骄傲，因为对我们家庭来讲，其实每天聊的都是体育。我父亲每天聊的也都是体育，因为我知道我爷爷其实为了这个努力了一辈子，对他来讲体育比生意各方面更……

董倩：霍老先生看到的体育是什么？肯定不仅仅是项目，体育背后是什么？

霍启刚：体育背后就是在国家发展的进程中贡献自己的一分力量……

这期节目的中心是"传承爱国心"，记者董倩在谈话中通过对霍启刚的采访，让观众了解到拥有这颗爱国心的不仅仅是霍启刚本人，而是一个家族一代代的传承，由此紧扣采访主题。这种人物访谈调查类出镜记者，主要面对采访和报道中的典型人物。节目会提前选好角度，出镜记者需要围绕主题，深挖主角背后的故事或新闻事件，但也需要对整个节目的大方向进行把控。

（二）按工作职责分类

根据出镜记者的工作职责可分为专职出镜记者和非专职出镜记者。

专职出镜记者大多在比较大型的专题片、纪录片、新闻片中出现。在此类节目中，节目组会专门为出镜记者设置岗位，主要的工作是在镜头前完成采访、报道、介绍等任务。专职出镜记者会和节目组的编导、策划、摄像、后期等其他工作人员共同合作完成报道任务。如新华社记者张扬在两会期间连续四年都通过vlog的形式，将自己参与两会的工作进行记录，让我们看到了更多视角、更真实的两会。

【案例4】《熟悉的"面对面"回来了【张扬两会观察】》
视频文案：

新华社记者张扬：hello大家好，我是新华社记者张扬。每年一开春天气一转暖，我就知道又到了该忙的时候了。看，又是熟悉的人民大会堂，又是一年一度的两会时间。今年两会值得跟大家讲讲的点有点多。首先是，今年两会是党的二十大之后的第一次全国两会。二十大作出的一系列决策部署将在两会上通过法定程序转化为全国人民的实际行动，意义重大。今年我们也会看到许多新的面孔，我仔细看了一下新一届全国人大代表的相关数据，代表共有2 977名。给大家说说其中的变化。首先，妇女代表的比例比上届提高了有1.64个百分点；一线工人、农民代表比例提高了0.99个百分点；专业技术人员代表的比例提高了0.73个百分点等等。各地区、各民族、各方面都有适当数量的代表。可以看出新一届代表有着十分鲜明的广泛代表性。今年十四届全国政协则新增了"环境资源界"这一界别，这一界别有80余位委员，是政协34个界别中人数比较多的一个了。这是全国政协自1993年增设经济界别以来首次增加新的界别。增设这个界别有利于委员们围绕资源环境领域的重大问题展开更深入的调查研究，更好地推进生态文明建设……

张扬是新华社的记者，在2020年凭借着两会vlog走红，并成了新华社的"网红"。她以不一样的角度关注两会，为年轻人拓展了很多相关主题，使两会得到了更多人的观注。她的报道大多以现场出镜口播为主，贯穿整个报道。

非专职出镜记者通常由文字记者、摄像、编导或其他工作人员临时担任。这种非专职的出镜记者在消息类报道中较为常见，主要是考虑保证新闻报道的工作效率，记者们往往会身兼数职，采编播一体。随着科技的进步，很多便携式设备大大提高了记者们的工作效率，只需要一部手机，一个手机支架，记者们就可以独立完成一个新闻事件的现场出镜报道拍摄与采访工作。这种方式不仅能节约成本，还能最大限度地保证记者的工作效率与新闻的时效性。当然，这并不代表这种便捷的方式可以完全取代专业的摄像师及高端的摄影机。在一般情况下，出镜记者与现场团队的配合是无法取代的。

（三）按事件类型分类

按照出镜记者报道事件的类型划分可以分为三类：可预见事件出镜记者、突发事件出镜记者、日常事件出镜记者。

可预见事件的现场报道是指在事情发生前就已经获知消息。出镜记者能够在新闻事件发生前对事件进行整体规划，并予以全程报道。出镜记者对可预见事件的现场报道多应用在大型活动的直播报道上，如北京冬奥会开闭幕式、神舟系列载人航天飞船发射、港珠澳大桥开通等。出镜记者对可预见新闻事件的具体环节、流程提前进行搜集，在实际采访报道的过程中就可以通过前期的信息收集来丰富语言，填补新闻背景信息，使报道内容丰富。同样在前期准备中，出镜记者要明确整个报道的倾向，提前写好出镜报道的大纲。依托于前期准备，出镜记者的现场报道才会有更多层次、更多维度、更多角度的信息，使观众了解到的新闻始末更饱满。

【案例5】《桥通港珠澳》

视频文案：

朱广权：现在王春潇已经在线了，我们马上再一次来连线一下在港珠澳大桥珠海公路口岸的记者王春潇。你好春潇。

王春潇：你好广权。

朱广权：刚才在连线当中我们已经对珠海口岸有了一些了解了，再次连线，现在你在什么位置，说好的通关秘籍快拿出来吧。

王春潇：好的，先来说一下，我现在已经换了一个位置，刚才我们是在距离珠澳口岸有一段距离的通勤线上，现在我们来到了珠澳口岸所在的具体的位置了。也就是我们刚才看到的白色建筑的中央，我现在就在这儿了。通关秘籍来了。之前通过一些短片其实我们已经非常具体地了解了一些通过的具体的手续，那如果我们是一个自然人，明天早上要来的话，我们该怎么进去呢？这里我带大家先走一下，看一下。……好的广权，我这里的情况先为大家介绍到这里，下一场直播我们还会继续换点，带大家看不一样的港珠澳大桥。

朱广权：好的，感谢春潇。通关秘籍在手，赶紧说走就走。我们离开闸机口，接下来我们赶紧实践一下、操作一下，看一下我们记者何岩柯体验大巴准备发车。岩柯，介绍一下你现在的位置，另外大巴将会带我们看到哪些内容，先来给我们剧透一下。

何岩柯：好的广权，我现在就是在珠海出境大厅的外侧，也就是说春潇办完了所有的出境手续之后就会来到我这儿，所有的旅客都会乘坐像跨境巴士、穿梭巴士或是跨境私家车走过我现在所在的位置，然后直接进入我面前的收费站。这也是港珠澳大桥唯一的收费站，也就是说去往香港方向就要先缴费，从香港方向回来就要后缴费。那么过了收费站就意味着正式进入港珠澳大桥的桥区。收费站究竟收多少费呢？我帮大家了解了一下，比如说小型客车是每车每次150元，各种吨级的普通货车呢，只要每车每次60元。所以大家一听就知道，发现货车收的钱比客车可便宜很多。没错，这也体现出了港珠澳大桥不仅希望物流的速度大大加快，而且要把物流的成本控制在一定范围之内，这样才有竞争力嘛……

这档节目是央视CCTV-13新闻频道为港珠澳大桥的通车制作的特别节目《桥通港珠澳》。这是一档直播节目，在节目中共穿插了两位出镜记者对现场的一些情况进行介绍。两位出镜记者在直播前有充足的时间对这则新闻进行信息搜集。为观众介绍现场情况时，依托于前期的准备、临场反应能力和明确的分工为观众详细地介绍了港珠澳大桥的情况。不仅如此，出镜记者们在介绍的过程中还填补了一些未在镜头前展现的信息，让整个新闻呈现出更多角度，更多层次。

突发性事件由于其不可预见性为出镜记者现场报道的工作增加了很大

难度。与可预见事件相比，出镜记者在突发事件的现场报道中没有经过完善的事先准备，并且无法预料事情的走向。从突发事件到新闻媒体直播报道，记者们甚至是在完全没有准备的情况下，临危受命进行出镜报道，此时他们往往处在信息真空的状态下。由此可见，越是突发性事件越考验一个出镜记者的职业素养以及临场发挥的能力。如2008年汶川地震、2022年韩国梨泰院踩踏事件、2023年厄瓜多尔地震等等。在2022年3月21日下午，一架波音737客机在广西梧州上空失联，后确认该飞机坠毁，新华社记者汪奇文和吴思思第一时间赶到现场对此次事件进行报道。

【案例6】《记者在坠机事故核心区现场指挥部发回报道》

视频文案：

记者：这边被工作人员标记了一个"1"，一号物证有可能是这个铝制品。我们可以随着镜头往前扫一下，前面已经被标注了很多数字，也就是说我们这个地方沿路都是飞机的残骸，这也和我们昨天来的时候救援人员说的有印证上。我们可以看到散落在山间的白色物体几乎都是飞机残骸。大家可以随着镜头扫一下。……现场是一些救援人员，我们现在可以沿着这条事发现场的道路回顾一下昨天的事件。事件发生是在3月21日，两点三十八分。东方航空MU5735航班执行昆明到广州任务时，在广西梧州市上空失联并坠毁。机上载有乘客123人，机组人员9人。一夜过去了，现在事情有了一些新的进展。目前，东航坠毁客机的搜救正在紧急进行中，梧州市救援支队派遣了23辆救援车，117名救援人员前来救援。广西消防救援总队迅速启动救援预案……

新华社记者对现场情况进行了详细地描述，显然她对于现场状况的了解程度并不是太深入，而是每天都在更新。突发事件的播报对比可预见性新闻来讲显然是准备不充分的，记者面对的情况都是未知的，需要随机应变，对现场的情况进行描述，语言的逻辑性也会较差于可预见性的事件。

日常新闻的现场报道也可以称为结果告知型日常新闻报道。这种类型的新闻往往是提前录制好的，并不需要出镜记者做大量的工作，与普通的录像报道没有太大差异，出镜报道的形式多于新闻传达的内容。这种类型的节目形式大多是在出镜记者做简单的情况介绍之后，加入录像或已有素材。如《焦点访谈》《新闻1+1》《新闻直播间》等等。

（四）按播出方式分类

按照出镜记者报道的播出方式，可分为录播型出镜和直播型出镜两类。

录播就是指在节目中播出的出镜报道是事先录制好，在播出的时候以成片形式播放的，观众看到这条新闻时的时间远迟于事件发生时间。这一类的时效性相对来说要差一些，因此在一些对于时效性要求不是特别严格的新闻和节目中使用。在这类节目中，出镜记者也可以随着事件进展让观众感受到现场感和同步性，但这并不是观众真实地与事件同步，而是播出的节目中记者与事件的同步。

【案例7】《远方的家》20230322 中国自然秘境 两江交汇处的黑熊家园

视频文案：

配音：黑瞎子岛面积300多平方公里，位于中国的东北边境，黑龙江与乌苏里江的交汇处。地理坐标北纬48度17分至48度27分，东经134度24分至135度05分。从地图上看，东北地区仿佛雄鸡高高扬起的头颅，而黑瞎子岛神似一个略显突出的鸡喙，镶嵌于祖国东方的国境线上。这里正是中国最东端的领土，也是最早迎来朝阳的地方。在踏入这片黑熊家园之前，我们要先来感受一下东极日出。凌晨两点，我们来到松花江畔，这时月亮还挂在天空中，周围都是黑漆漆的一片，隐约可以看到远处天边的一抹红色。随着时间的推移，朝霞渐渐刺破云雾，染红了天际。

记者：看，抚远山脚下太阳马上就要露出轮廓了，现在是清晨的3点18分，我们马上就要迎来今天照耀在祖国大地上的第一缕朝阳了。看这里的朝霞真的太漂亮了，因为没有高山的阻挡，所以它的光芒可以在天空和江面中铺洒成一片又长又宽的橘金色。站在这里，我们有了被朝霞拥抱的感觉。

……

我们现在是要跟着这个于老师和当地管护站的这个管护员，一起去做一下鱼类调查。咱们现在走的这个水道是什么水道啊？

于老师：叫银龙水道。

记者：您说这边的水质是很好的，但我们现在看它其实还是有点黄色的那种感觉。

于老师：你要知道，整个三江平原是黑土地，它的地质是黑的，反映出来的水就发暗。所以叫黑龙江。

……

这是一档录播节目，出镜记者在节目中按照时间线进行叙事，从早上的朝霞到野熊园，努力让观众能够跟随记者的镜头感受到现场的情景，加强观众的体验感和沉浸感。但这档节目播出时的天气可能与拍摄时有一定的差别，但在这一类的节目中，并不要求时效性。录播形式最大程度上降低了出镜记者的出错率，即使出现错误也可以在后期进行剪辑。

直播是指新闻采集与播出同步进行，直播中的出镜报道是指记者的出镜报道与电视播出是完全同步的，报道采访录制与播出之间没有任何环节，不会经历后期剪辑和审核的过程。这一类报道最能体现新闻的时效性，是对出镜记者的各项业务能力的检验和考察，同样能展现现场出镜记者的职业功底、新闻素养和应变能力。

（五）按报道形式分类

按出镜记者报道的形式划分可分为三类：现场采访型、问答型、体验说明型。

现场采访型出镜记者是以采访相关人员作为信息传达手段来完成的，出镜记者与被采访人之间的对话通常是出镜报道的全部内容。这种新闻报道，出镜记者既可以采用一对一的采访形式，也可以采用一对多的采访形式；可以是静态采访，也可以是动态采访。由于这类新闻报道的主体是出镜记者，因此这类新闻报道对出镜记者的能力有着很高的要求，出镜记者对于采访的整体把握与个人的采访风格对节目产生决定性作用。

问答型大多被采用于直播报道中，直播可以是事先已知的事件，也可以是一些正在发生或突然发生的新闻事件。这类节目中，通常会采用演播室主持人与现场记者连线的方式来完成新闻信息的传递，并且通过"主持人提问与现场记者回答"，这种一问一答的方式完成报道。这类报道成功的关键取决于主持人与出镜记者的配合，主持人根据已知新闻事件进行提问，出镜记者要在充分利用现场信息的同时准确把握主持人的提问，回答既不能偏离中心，也要明确记者在节目中的定位，充分与主持人的角色定位区分开来。如【案例5】中，主持人朱广权在直播间内，连线两位出镜记者，他们在不同的场景下围绕着主持人的提问，进行澳珠澳大桥通车前现场情况的讲解介绍。这种问答型的模式中，主持人和出镜记者的配合能够更清晰直观地介绍、还原新闻事件。

体验说明性是指记者的体验以及体验过程中的描述与概括。从表现形式来看，这种类型的出镜报道应该是所有类型中最灵活的，传播效果最明显的一种。出镜记者可以将所有的表现和表达集于一身，充分调动自己的各种感官，充分展示个人的视角与个性。与前几种出镜记者最大的不同在于，此类出镜记者需要从说明型报道转变为考察型报道，出镜记者可以在体验、讲述、介绍的过程中完成出镜报道。出镜记者作为个体体验者的亲身体验，能让观众更好地感受现场氛围，更好地理解新闻。当然作为个体体验者，出镜记者要学会平衡和把握新闻的客观性与自己主观感受之间的关系。

【案例8】《行走中国》

视频文案：

黄鹤：小白，我们俩走在雨后的凤凰古城里面，这里空气特别地新鲜。

白振国：是，这个凤凰古镇是我一直想来的地方。

黄鹤：凤凰古镇是你一直想来的地方？

白振国：是，今天终于来了。

黄鹤：今天我们要去体验的一项内容，也是我们中华民族的一项传统文化。其实在之前那么多期节目当中，我看你亲自体验了好多，参与其中去感受。但是这一项技艺是在湘西和贵州才有的，叫作"蜡染技艺"。那今天我们俩也要在凤凰古城里面一起来找一找，寻找一位也是蜡染的、非遗的这项技艺的传承人，叫王曜老师。我们要去他那儿看一看。今天咱们俩也去体验一下做蜡染好不好？

白振国：好，没问题。

……

王曜：来，给您介绍一下，就是我们的蜡染它是什么样的工艺流程呢？它就是在一块白色的布上，纯棉布或者是棉麻布。用铅笔去构一个图，构好图之后第二道工序我们就用蜡来描绘了。

黄鹤：好，那我们现在都了解了，我们就开始吧。

白振国：一人一块画布比赛吧。

黄鹤：我们是不是可以按照自己的喜欢随意作画？

白振国：我们自己创作是吧？可以有自己的一些创新。

……

黄鹤：王老师，我这个也画好了，我也给大家展示一下吧，我画的这是荷花蝴蝶。

这档节目是直播形态+短视频的形态，以即时体验、互动传播为特点，与用户一同行走、体验、发现，感受中国的辽阔、品味旅途中的惊喜。节目选择了一位土耳其旅行家和一位央视网主持人共同去完成体验和探索。在这期节目中，两位记者通过体验蜡染、苗绣等中华传统文化，带领观众感受湘西悠久的历史、灿烂的文化和大量的自然及人文景观遗迹。能够以一个体验者的身份带领观众近距离地走到实地去考察、体验、感受，这也正是体验式采访的魅力所在。

第二节 融媒体时代出镜记者的基本素养 与能力的培养

随着融媒体时代媒体技术的升级与融合，对出镜记者的要求比传统媒体更加全面和具体。2016年，习近平总书记在主持召开党的新闻舆论工作座谈会上对新闻记者提出了"四力""四者"的要求。"四力"是指新闻工作者的脚力、眼力、脑力、笔力，是对新闻工作者的基本能力的要求。"四者"是指新闻记者要做党的政策主张的传播者、时代风云的记录者、社会进步的推动者、公平正义的守望者。在融媒体时代，要想成为一名优秀的出镜记者，要以"四力""四者"为基础，在具备出镜记者的基本素养的同时，还要不断地进行自我提升。

一、融媒体时代出镜记者的素养与能力

传统主流媒体在新媒体平台中的新闻实践日渐增多，出镜记者能力素养的参差不齐直接影响着新闻的传播效果。Buckingham.d 在关于媒介教育的研究中表示"媒介素养是指在解读和使用媒介信息时所需要具备的知识、技巧和能力。"[1]关于新媒体的媒介素养的含义，中国新闻奖获得者张成良在《新媒体素养论》一书中表示，媒介素养包含着传统素养和信息素养两个方面，即对文字、图像、声光等各类语言的识别、使用和对各类信息进行的采集、加工、保存、传播等能力。[2] 结合媒介素养理论，融合媒体时代对于新闻工作者的素养要求全面。正所谓台上一分钟台下十年功，出镜记者需要在短时间内为观众带来最真实、最直观的现场报道，对于出镜记者来说，需要良好的素养与能力，才能在新闻报道的现场掌控全局。

---

[1] Buckingham, D. Media education: literacy learning literacy movement and contemporary culture [M]. Cambridge: Polity Press, 2003: 36.

[2] 张成良. 新思路 新方法 新理念——评《新媒体素养论——理念、范畴、途径》[J]. 新闻研究导刊, 2016（04）: 36+33.

出镜记者基本素养要求大概可分为：政治素养、新闻素养、语言素养、身心素养等。

（一）政治素养

政治素养是指政治素质、思想理念和政治水平。具体来说，政治素养主要包括政治理论知识、政治心理、政治价值观、政治信仰等。政治素养是作为一名记者的综合素养核心，记者的政治素养的高低代表着一个国家社会政治文明发展的水平。

增强自我责任意识，正确进行舆论引导。在我国，记者是党和人民的耳目喉舌。新闻记者在工作的过程中，承担着真实、客观地传播新闻的责任与使命，在新闻报道中出镜记者并不是以个人的角度进行发言，而是需要承担对观众的引导与教育功能。出镜记者要以我党制定的方针政策为指引，正确地引导舆论，在媒体和群众之间架起沟通的桥梁。媒介融合时代的出镜记者也要时刻谨记新闻宣传在党的宣传工作中的重要性，积极承担宣传任务。

提升政治理论修养，保持政治敏感度。出镜记者必须强化政治理论修养，全面把握党的路线、方针、政策，通过新闻平台发出党和政府的声音。同时出镜记者也要走到群众中去，了解人民群众的心声和意愿。拥有良好的政治素养使出镜记者在报道新闻时能够正确引导观众。因此，时刻了解和掌握党的政策与方针，是一个出镜记者必备的素养。只有充分了解党的最新政策，才能在新闻采访中保持政治敏感度，这也是出镜记者必须拥有良好政治素养的原因。

树立正确的政治价值观，坚定政治信仰。现阶段经济全球化的深入，世界各国在经济、文化中的交往愈加密切。加之科技技术的进步，使信息的传播速度越来越快。记者需要对大量的信息进行整合与传播，不免有一些与本国文化冲突的信息。出镜记者在工作的过程中面对一切诱惑，必须坚定自己的政治立场，坚决以国家利益为首要前提，宣传国家正面、积极的形象。

良好的政治素养是一个记者的立身之本，我们要不断地加强自身的政治素养，坚定政治立场与政治信仰。用科学的理论武装自己，树立正确的世界观、人生观、价值观，不论在什么情况下都坚持正确的政治立场，在思想上和行动上与党中央保持步调一致。紧跟党中央的方针政策，不断提升政治素养。

（二）新闻素养

作为一名新闻工作者，出镜记者具备良好的新闻素养是立身之本。新闻素养是出镜记者知识结构中的原始储备。记者被定义为"专业信息的传播者"，出镜记者更是"面对面"地将信息传递给观众。因此，出镜记者要在学习新闻知识、提升业务水平的同时，了解社会中现阶段在政治、经济、文化、军事、科技等不同领域发生的新闻事件，关注热点新闻话题的最新发展和趋势，保持对新闻的正确判断力和敏感度。

出镜记者需坚持新闻真实性。维护新闻真实性是一名出镜记者须恪守的职业道德。真实是新闻的生命，是媒体公信力的基础，也是对一个出镜记者的基本职业素质要求。对于出镜记者来说，只需将所听到的、看到的、感受到的新闻事实传递给观众。在传递新闻事实时，应尽量避免带有强烈个人色彩的新闻评论。

保持新闻的真实性看似容易，但很多出镜记者为了追求新闻流量和轰动效应，故意夸大、扭曲、编造新闻事实，或者通过编辑一些过分夸张的新闻标题来吸引观众的注意力。

【案例1】新华社记者观察：向网络谣言说不 让网络谣言无处遁形

视频文案：

记者：网络谣言是广大网民最深恶痛绝的网络乱象之一，每逢重大自然灾害、重大社会热点、重要的国际事件，都会出现形形色色的谣言信息。整治网络谣言是网络生态的重要内容，也是回应民众关切、保障网民权益的迫切需要。如何打造权威的辟谣阵地，让网络谣言无处遁形？如何加强网络谣言治理？向网络谣言说不，是全社会共同关注的话题。

朱巍：现在网络谣言之所以难治理，有几个原因，第一点，是现在的社交媒体是比较发达的，每个人都是一个麦克风，想说什么就说什么，有的时候看待一个问题的时候可能并不全面，或者有自己的一些主观的意愿，放到里面之后就会影响别人。第二点，就是现在的互联网上的谣言、多发事态更多的是流量信息的备选。因为一个足够吸引眼球的谣言，可能会有很多的流量，那么一旦获取流量之后，这个流量又会转化成商业利益，所以它就变成了一个相关的链条了。

牛一兵：2018年8月，中央网信办上线中国互联网联合辟谣平台，建立32家中央和国家机关为指导单位，34家省级辟谣平台、行业性辟谣平台和主要网站为成员单位的工作体系，现已成为我国网络辟谣主阵地、总平台。

王高飞：2009年起，我们就积极联动各级政府、媒体机构，打造权威账号矩阵，经过十多年的深耕细作，20多万的政务媒体账号已经成为信息公开、舆论引导、正能量宣传的重要窗口，总粉丝量超过140亿人次。

新华社记者观察栏目在关注到网络上的新闻乱象后，针对此现象做了专题报道。记者采访了中国政法大学传播法研究中心副主任、中央网信办副主任、微博首席执行官，在不同的层面关注网络不实新闻的问题。不仅向观众传达网络并非法外之地，也表明了身为出镜记者想要维护新闻真实性的决心。

保持新闻敏感度。在科技迅猛发展的今天，每天都有大量的信息等待记者的筛选，如何在海量的信息中，准确地选择最具有价值的新闻进行报道，是出镜记者面临的一个挑战。而在选择合适的新闻之后，出镜记者也需要拥有足够的新闻敏感性，才能敏锐捕捉到新闻的价值。由于出镜记者在采访过程中很多信息都是无法掌控的，记者在前期准备中也无法预测到全部的情况，只有加强自身新闻敏感度，才能在新闻发生时敏锐地捕捉到关键信息。

拥有全面的传播能力。当今媒体的大环境下，仅靠传统的传播方式已经不能满足社会发展的要求，出镜记者需适应媒体环境的发展。对比传统媒体的传播方式，新媒体多样化的平台让我们拥有便捷的条件与观众进行互动交流，提升了新闻宣传性与时效性的同时，让我们能更直观地收到观众的意见。作为新时代的出镜记者要紧跟时代步伐，不仅要学习最新的采编播技术，还需要具备较强的获取和处理信息的能力。

身为一名出镜记者，自身新闻素质的高低决定了这个出镜记者在新闻报道时的深度和广度，也影响这个出镜记者本身的职业道路的发展。只有坚持新闻的真实性、恪守新闻人的职业道德、努力提升业务水平的出镜记者才能在新闻工作的道路上不断前进。

（三）语言素养

拥有在镜头前良好的有声语言表达能力是一位优秀的出镜记者的必备专业素养。科技的进步和融媒体的发展，让越来越多的节目采用直播的形式。出镜记者需要在新闻现场直接面对镜头，向观众介绍自己的所看、所听、所想、所感，在表达的过程中既要紧紧围绕新闻的主题，又要语言规范、逻辑清晰，有些时候出镜记者还需即兴对新闻事件进行评论。这些无不在彰显语言素养对于一名优秀的出镜记者的重要性。

标准的普通话是成为一名出镜记者的必要条件。我国是一个多民族国家，方言众多且差别极大，有些地区村子与村子之间的方言用法都有很大的差别。为了促进各民族的沟通与团结，我国《宪法》中作出明确规定，站在国家的层面上推广全国范围使用普通话。出镜记者的工作并不像主持人一样要求拥有极其严格的字正腔圆的普通话，但作为一名需要面对观众说话的记者，需要让观众能够听清、听懂你所说的话。同时，出镜记者是联系人民群众与党和政府的桥梁，是作为一名公众人物出现在媒体上的，就应当自觉发挥媒体工作者使用普通话的语言示范和带头作用。

出镜记者需要拥有清晰的语言逻辑。所谓语言逻辑，其实包含着逻辑思维和语言表达两个方面。作为一名记者必须具备清晰的逻辑思维，面对新闻事件能够快速地梳理事件的前因后果，对信息进行搜集、整合、归纳。对出镜记者的要求是要在拥有逻辑思维的基础上，面对观众对现场情况、已知信息、事件的走向等进行描述。出镜记者需要在短时间内，对庞杂的信息进行梳理，充分运用逻辑思维能力和语言表达能力把事情讲清楚，让观众听明白。

出镜记者需要具有较强的沟通力。出镜记者的沟通能力，从语言素养层面上可以理解成为出镜记者的谈话技巧和提问技巧，出镜记者会面对很多不同年龄、不同经历、不同工作、不同性格等风格各异的受访者，在面对不同的对象时，出镜记者需要采用不同的沟通技巧，不能一成不变。很多时候，出镜记者与受访者仅仅是刚见面就要开始进行报道采访，出镜记者需要在很短的时间通过沟通取得受访者的信任。这时，出镜记者需要在提问中适当使用一些技巧，从而在情感上与受访对象建立沟通。

【案例2】视频文案：

蒋林：我现在所在的位置就是在天安门东观礼台的西侧平台上。随着我们的镜头缓缓拉开，您看到的是晨光当中的此时此刻的天安门城楼。有了红灯笼和红旗的陪衬，它更多了一份节日的喜庆色彩。那么在每一次的阅兵当中，这个面积大概只有十平方米的平台都承担了非常重要的指挥的功能。在今年的阅兵当中，这里更会发出三条重要的指令，分别是：标兵就位、分列式开始和标兵撤回。与此同时，在阅兵结束之后的群众游行环节，这里就会变成一个群众游行的空中指挥平台，包括去监控我们所有的队伍行进的速度、保证他们的安全、音乐的切换以及花车装置打开的口令，都会从这里发出。当然，此时此刻，我相信电视机前的观众朋友更关心的还是我们今天的盛典准备的情况怎么样。带着这样的问题呢，我们要采访一下阅兵联合指挥部的副总指挥、中部战区的张旭东副司令员。请您给我们介绍一下现在我们的准备情况怎么样？

张旭东副司令员：目前，包括徒步方队、装备方队和联合军乐团在内的所有地面受阅部队都已到达指定位置，正在进行之前准备。十二个空中梯队也在相应的机场准备就绪，目前广大官兵士气高昂、蓄势待发，我相信在接下来的阅兵时间里一定会以恢弘的气势、威武的阵势通过天安门广场。广大受阅将士，一定会以最高的标准、最佳的状态，接受党和人民的检阅、接受习主席的检阅。

蒋林：好的，谢谢，其实我们今天所在的这个平台，与此同时，还是今天整个仪式过程当中的一个声音的中枢，在我身后的这样的一个工作平台上，大家注意到了吗？身后的时钟是以秒为单位的。记录着我们现场的时间，也告诉我们，我们现场的每一个环节都精确到秒。当然大家可能也特别关心，那为什么这么多重要的指令和指挥的工作会从这里发出呢？现在我们将镜头从天安门的一侧缓缓地转向广场的一侧。我现在所在的东观礼台西侧平台的正前方就是天安门的东华表，在今天的阅兵当中的敬礼线以及稍后的群众游行的音乐切换线以及花车装饰的打开线都在东华表的附近。所以说，也是这样一个绝佳的位置赋予了它这样的一份重要的作用。好的，现在我们在广场上可以看到受阅方队正在利用最后的时间进行准备工作，以上就是我们发回的现场直播的报道，时间交还给演播室。

在这段融媒体现场报道中，记者从观众的角度出发，为大家展示了另一个角度的国庆阅兵。整个报道一气呵成，不拘泥于简单的整体情况的描述，而是从细节出发，使用很多的形容词，抓住观礼台的一些小细节，由点及面地去展开，可以看出蒋林对这次采访在前期的准备是十分充分的，也展示了他语言上的专业能力和逻辑素养。蒋林是一名专业的出镜记者，曾参加过很多大型事件的出镜采访。在2013年四川雅安地震报道中，蒋林没有恐慌，语言条理清晰，凭借自己过硬的专业基础为观众带回了很多灾区的真实情况。2014年他成为央视记者，随后在"东方之星"客船翻沉事件、天津港8·12爆炸事故等多次重大事件的报道中继续被委以重任。

（四）身心素养

当今社会，人们的生活节奏越来越快，作为一名新时代出镜记者，经常要一人身兼数职，完成繁杂的工作。和早八晚五的工作不同，出镜记者的工作是随时待命的，新闻出现的时候，就是需要出镜记者的时候。面对特殊新闻事件时，出镜记者可能连续几天连休息的时间都没有，只有拥有健康的身体才能顺利地完成各种采访工作。

心理素质是一名出镜记者必备的素质之一。出镜记者需要面对镜头、面对观众、面对采访对象。虽然出镜记者不是明星，但同样是一名公众人物，在面对镜头和观众时，会出现很多不同的声音，有赞美的声音就必然会有抨击的声音。那么作为公众人物，听到赞美的话语应戒骄戒躁、理性面对，听到诋毁的声音也应有强大的心理素质，有则改之无则加勉。在面对采访对象时，现场可能发生很多不可控的情况，比如被采访对象的拒绝、冷落、辱骂等等。面对这些现场的突发事件，如果没有良好的心理素质，可能会现场失控，无法继续完成工作。

出镜记者的工作是艰苦又充满挑战的，只有拥有强大的身心素养，在采访中不卑不亢，才能顺利完成各种程度的采访工作，才能在不同的舆论声音中保持自己的初心。

（五）角色转换能力

从传统媒体到新媒体再到媒介融合，时代的变化赋予了出镜记者不一样的使命，出镜记者的角色要求也随之有了新的变化。"出镜记者不再以全知视角的形象出现，由信息的发布者变成了信息的共享者，记者在移动直播中扮演的角色由过去的'介绍者'变为'体验者'。"[1]媒介融合时代，拥有强交互性、传播性的移动直播逐渐兴起，并成为广受大众喜欢的传播方式。传统媒体纷纷转型，出镜记者也要适应从大银幕走到小荧屏的身份变化。

出镜记者转换角色，需放弃播报式的表达方式。出镜记者在直播时应更加生活化，采用朋友式的交谈方式，边看、边介绍、边体验、边解说，为观众营造一种朋友式的交流氛围。这时，出镜记者的语言如果还是播报新闻的方式，那么观众会无法沉浸在"朋友"氛围中，反而不伦不类。因此，出镜记者在语气和语态上要接地气，紧跟网络热点话题和事件，拉近与观众的距离，这也能让观众以身边人的视角去理解和关注新闻。在《新闻联播》首次连线外景记者的直播中，海霞以一个出镜记者的身份带领观众体验了春运第一天去乘坐火车的现场情况。

---

[1]　谈华伟.移动资讯直播出镜记者的语言特点［J］.青年记者，2019（6）：63-64.

【案例3】《新闻联播》首次直播连线

视频文案：

康辉：今天是春运的第一天，我们全天都在关注以运送外出务工人员为主的1955次临时客车。现在这趟车已经到了郑州站，我马上来连线一直跟车采访报道的我的同事海霞，海霞你好。

海霞：康辉你好。

康辉：首先确认一下，这趟临客在郑州站停多长时间？另外郑州站是个大站，那么这趟车在郑州下车的人会不会很多？秩序怎么样？

海霞：我所乘坐的这个1955次临客列车是19：12到达郑州站的，那么在这里要停靠八分钟。现在请我们的摄像师把镜头对准我们的站台。印象当中大家认为春运期间站台应该是喧闹的，甚至是嘈杂的、拥挤的，但完全不同，今天这个郑州站的站台看起来甚至有点空荡荡的，有一个数字要提供给大家，今天的这趟车在郑州站上下车的人数是102人，听起来这个数字好像跟郑州这个全国重要的铁路枢纽，还有河南全国外出务工人口大省的地位不太相符。但是据我们了解，这趟车今天在河南另外两个重要的外出务工人口地区——信阳和驻马店上下车的人数会非常多，达到一千七八百人。另外据我们了解，郑州站到，今天到现在为止，所办理的像这样的临客务工人员已经超过了六万人。

康辉：因为大家可能会担心是不是准点，所以今天你跟这趟车到目前为止，这几站是不是都是准点到的？

海霞：到目前为止，我们乘坐的这趟车运行了九个多小时，一直都是安全准点的。对于你所提到的这个问题，今天铁道部的有关负责人也专门强调指出，除非是遇到了雨雪雾这样的恶劣天气，像这样的临客应该和图定列车一样都要保证安全准点。

康辉：今天一直在看你跟车做采访，我们也看到了临客的很多变化，那么这趟开往春天的列车，你还有什么印象比较深呢？

海霞：就像我们这趟车的名字一样，是开往春天的列车，除了这个车体变化之外呢，在车厢里，我始终都能感受到那种浓浓的家的温暖和亲情。在采访当中我也注意到，有很多人家都是一家一家、一起回去过年的。你看河南信阳的老何一家九口人，老老少少，他们一起在车厢里有说有笑，有吃有喝，让我们整个车厢都能感受到那种团圆的快乐，还有中国人对家的向往、对过年的向往。

康辉：因为停车只有八分钟，我们不多说了，最后一个问题，这趟临客终点站是汉口站，几点到汉口？

海霞：27号，也就是明天凌晨的两点零六分，会到达终点站汉口站。

康辉：好的，谢谢海霞的报道。

这是在十年前，《新闻联播》中第一次采用直播的方式连线外景记者，海霞以一个体验者的身份为大家报道了春运现场的情况。以今天的媒介融合视角去全面地看这则新闻，也许是体验感不足的，但在十年前却是一次充满挑战和创新的尝试。在媒介融合发展十分成熟的今天，出镜记者的角色也随之有了更进一步的改变。在2022年北京冬奥会期间，央视频发布了《冰冰带你上冰雪》系列体验采访。出镜记者王冰冰以体验的方式带领观众感受冬奥会项目的魅力，例如：滑雪、冰球、冰壶、花滑等等。王冰冰完全以一个学习者的身份进行体验，过程中将兴奋、紧张、害怕等真实的情绪暴露在观众面前，像是在看一位朋友的出游视频，增加了观众对她角色的亲近感。媒介融合时代，出镜记者要适应从"买方市场"向"卖方市场"的转变，要以用户思维去思考问题，积极利用身份角色的变化去调动用户的观看兴趣和参与的积极性。

（六）应变能力

应变能力是出镜记者应具备的专业能力。从字面上看，应变能力是指自然人或法人在外界事物发生改变时所做出的反应，可能是本能的，也可能是经过大量思考过程后做出的决策。出镜记者的应变能力是指出镜记者在面对突发事件或外界环境改变后对当下情况进行准确分析判断，并灵活应对的能力。在出镜记者采访的过程中，会有很多不可控的因素，如天气的变化、突发事件、采访对象的状态等等。应变能力决定着当事件发生时，记者是否有能力在最短的时间内获得最有新闻价值的信息。

出镜记者的采访应适应不同环境和不同人群，并准确地表达意见。出镜记者在报道前应做好充足的准备工作，并提前到现场了解实际情况，在实际的采访过程中根据实际情况对策略和切入点进行灵活的调整。比如我们经常能看到的调解类节目的出镜记者，每天需要报道的新闻事件各不相同，这就需要记者在采访开始前详细了解事情的经过，并在事情发展过程中第一时间掌握准确的消息，并且准确地作出判断，并恰当地、客观地表达出自己的观点和建议。

【案例4】视频文案：

记者：我是这么看，首先拉横幅、堵门、推搡、抢手机、打架这些都是不对的行为，咱们这有不对，你这样也有不对，对吧，想维权也好，想处理问题也好，用合理合法的手段来进行。

4S店负责人：我真心想跟客户道个歉，因为买了车，他也是听他朋友说能换车，也着急了。

客户：不是我着急了，是你们那个销售经理态度太不好了。

记者：行了，道个歉，握个手。

……

记者：最终经过记者的调解，双方达成一致，握手言和。4S店的负责人表示，拆下小王这个故障的避震器之后也会送到厂家进行全方位的检测，避免此类事情再次发生。问题解决了，在这儿我们也想说，当发生矛盾和纠纷的时候，采用这种冲突性的行为，除了会增加矛盾之外不会产生任何的好处。只有消费者冷静地坐下来，提出自己的合理诉求，而作为商家应拿出诚信友善的态度，尽可能地站在客户的角度上思考问题，尽可能地为客户申请更多的补偿，这才是解决问题的最佳方案，社会与法制频道融媒体记者现场报道。

这是一个潇湘晨报旗下的社会新闻账号"湘湘带你看社会"发布的视

频新闻。在调解的过程中及时地引导、调和，将事情的后续发展向观众交代清楚，并对事情进行了总结和客观的表态，起到了积极引导的作用。

中央电视台记者王志曾经说过，在现场你没有任何东西可以伪装自己，也没有任何捷径可走，只有通过自己的眼睛去观察，用自己的心去感受，才能更好地预测、解决意外事件。在出镜过程中记者要全方位地投入，不只是用嘴说，更是眼的观察、心的感悟。出镜记者要做到眼观六路、耳听八方，培养自身对新闻的敏感度，从而迅速而准确地捕捉到新闻事件的细微变化，并衡量新闻价值的大小。当然这也是出镜记者可以在实践中总结出的经验。

（七）情感控制力

对于履行出镜记者职责的人来说，在情感把控上容易走向极端，即浓郁过度，情绪完全随着新闻事件的发展呈现亢奋、惊诧、兴奋、悲伤、欣喜等等，完全沉浸在现场气氛中。或激动万分，或惊诧恐慌，或兴高采烈，或悲愤不已，忘记了自己应该是新闻现场和受众之间的桥梁和媒介。[①] 出镜记者通过对新闻事件的前期了解、与采访对象的交谈、在新闻现场的实际感受，都让他们身临其境地去感受新闻，这样情绪很容易受到影响。而对于出镜记者而言任何过激的行为，都是对自身情感的控制力不强的表现。

情感控制力不是让出镜记者成为一个机械化的报道工具。喜怒哀乐是一个常人的正常情感感受，出镜记者在承担他们的职业角色前，他们首先是一个有血有肉、有温度、有感受的个体。出镜记者可能会在面对新闻事件时表露出真实情感，比如在汶川大地震的报道和采访中，现场情况和实时的数据让很多出镜记者和节目主持人都哽咽、流泪。在奥运会申报成功的现场直播中，记者情绪激动并一直欢呼呐喊。我们在荧幕前看到记者的泪水、呐喊都是记者们带有温度的情感表达，但这种表达也是要注意分寸和时机的。

---

① 刘培.21世纪出镜报道与新闻主持［M］.北京：中国人民大学出版社，2019：207.

出镜记者受到现场的场景、采访对象的语言、突发情况的冲击等刺激，并超出心理和忍耐的极限时，因喜悦、痛苦、悲伤等情绪而产生的各种感情，容易使记者受情绪的影响而表达不当，从而产生不良的影响。恰当的情绪表达可以体现新闻的温度、提升观众的感性认知。适度哽咽、流泪、欢呼、呐喊会让采访对象和观众产生情感上的共鸣，但如果无法控制情绪的号啕大哭、激动尖叫，会毁掉整场采访。

"凤凰台在进行'韩国航空空难'报道时，一名记者出镜采访了遇难者的家属。由于过于悲痛，记者与家属抱头痛哭，完全忘了自己是记者。于是在这条新闻中，只有记者与家属痛哭的场面，而没有任何其他信息，感染力大打折扣。"[①]而在"3·21"东航MU5735航空器飞行事故中，中央广播电视总台记者张腾飞凭着专业的素养和对逝者的尊重，给人留下了深刻的印象。在张腾飞进行直播报道的过程中，他在看到到处都是残骸时几度哽咽，不知如何形容自己的心情。随后在现场发现了一个遇难空乘人员的证件，上面还带有遇难者的照片，他哽咽地用手盖住证件，并对着摄像说"这个就不用给特写了"。在新闻报道中，张腾飞所表达的情感是带有分寸感的，他没有过分煽情，渲染悲伤的气氛，也没有完全沉浸在悲伤中无法自拔。他在报道过程中表达清晰连贯、用词精准，表现出了强大的语言逻辑、理性思维和敏感度。在两则新闻的对比下不难发现，情感表达上的"分寸感"对一名出镜记者的重要性。

一名优秀的出镜记者需要学会如何控制情绪。可以在无法控制情绪时尝试深呼吸、转换话题、切换镜头等等，而不是一味地纵容情绪的释放，这样难免让人产生是靠此博人眼球的想法。出镜记者应时刻保持双重身份，保持情感的控制力，在出镜记者和"本我"中自由转换，体现记者的人文关怀和新闻温度的同时保留着新闻工作者的客观、公正、专业、严谨。

---

① 黄杰海. 让出镜记者"融入"现场. [J]. 现代传播（中国传媒大学学报），2006（6）：149-150.

（八）共情力

共情是指体验别人内心世界的能力，是人本主义创始人罗杰斯提出的概念。出镜记者这份工作是需要与采访对象和观众进行沟通和交流的。出镜记者每天需要面对大量的新闻事件，大事小情，悲欢离合。出镜记者在面对不同新闻事件时，如果不能站在受访者或观众的角度换位思考，无法与其产生情感上的共鸣，就很难取得他们的信任，现场报道也会流于表面。新闻作品能够吸引观众，除了要具备思想深度、新闻广度、生活宽度之外，还需要在情感上增加浓度。想要成为一个被观众和受访者信任的记者，需要与其换位思考。只有站在对方的角度，在采访中推己及人，与受访者产生共情，才能挖掘到有意义、有温度的新闻。

人民大学新闻学院教授方洁曾在一次采访中说，做新闻的人要有与其他群体的共情能力，冷冰冰的人是做不了新闻的，做新闻的人比较容易感动，但感动之余又要相对客观地把事情说出来。在出镜记者的采访中，接受采访的是社会各个阶层，拥有完全不同背景经历的人，面对镜头可能紧张、不安甚至是说不出话。这时出镜记者就需要善用共情的方法来减少采访对象的疏离感，和他们拉近关系，营造出信任、和谐的采访氛围。这种共情不仅是语言，还包括态度、表情、动作等等。当然，出镜记者的共情也要适度。一名很容易陷入自身情绪的出镜记者是不成熟的，容易让自己陷入其中，无法进行客观的报道。而一则一味共情的出镜报道，也容易使观众忽略这则新闻本身的内容。这种与采访对象共情的同时又保持一定距离，并掌握情感上平衡的能力是很重要的。

《中国青年报》副总编陈晓川在《中国教育最大的挑战是什么？》一书中曾写到，记者应该是一种人文追求，是一种理想，这才能成为一名记者。出镜记者在采访中不能以一种高高在上的姿态去面对受访对象，要从人性的角度出发去采访、以平等的视角将受访者最真实的样子还原。我们面对的采访对象有工人、教师、律师、画家等等，生活环境和成长经历的不同，要求记者能够站在对方的认知范围内去进行采访。当出镜记者以采访对象熟悉的领域作为切入点时，会帮他们在采访的环境中放松下来，也更容易使采访对象敞开心扉与记者交谈，进而将采访深入。因此，人文关怀也是出镜记者在采访中很重要的一部分。

央视记者董倩在《面对面》节目中采访了在2019年3月30日四川省凉山州森林火灾中救火的消防大队长张军。

【案例5】

视频文案：

董倩：家属陆陆续续过来了，你怎么面对他们？

张军：必须要面对。我内心的愧疚就是，家长把孩子送到部队来，为的是报效祖国，为了是来锻炼。但是因为我们这种职业的危险性，出现这种伤亡。

……

张军：我们又走到了一个相对来讲是火场南侧的鞍部位置，能够观察到火场60%到70%的情况态势，当时可以看到那个烟点，是在悬崖上燃烧，这个悬崖的垂直距离大概在8到10米的样子。所以当时地形处于相对来讲比较尴尬的地段，从上面下不去，从下边上不来，当时是这么个情况。

董倩：既然客观条件就是这样，放弃可不可以。

张军：不可以，要想办法。

董倩：为什么？

张军：因为如果放弃，一旦起风了呢？风向一变，可能将右侧或者左侧没有烧过的林子给烧掉了，引发新的火点。

董倩：既然是悬崖了，就说明它已经烧不过去了，就让它烧就是了，为什么还要救那个时候？

张军：它不一定烧不过去，因为它在悬崖上燃烧的话，有可能将松球或者是干枝烧燃，滚落到下方。

董倩：下方是哪？

张军：下方还有没有燃烧过的地方。

董倩：下方是村子还是老林？

张军：林子。是个沟底，是个沟底的位置。

董倩：这个林子离老百姓的居住点有多远？

张军：这个还是比较远的，因为……

董倩：既然这样的话，为什么要冒着人的生命危险去扑这个可能暂时威胁不到人的住处的一个地方？

张军：因为我们是森林消防员，我们保护的不仅是人民的生命财产，还有森林资源……

……

董倩：你后面还有战友？

消防队员：是，有一个战友，翻越倒木的时候，我就下意识回头一下。

董倩：你看到了什么那一下？

消防队员：我看到了我战友绝望的表情。

董倩：你跟那个战友关系好吗？

消防队员：他一直把我当大哥，因为都是一个班的。

董倩：他是谁呀？

消防队员：他是王佛军，我们中队最小的一个，18岁。

董倩：你想救他吗？

消防队员：我想救他，但是来不及了，如果我回头拉他一把的话我估计也是在里面了。

董倩：你会自责吗？

消防队员：我这几天从下山开始，做梦我就梦到，开始是梦到他跟我招手，做梦就会梦到他，他说班副拉我一把。

你怎么面对他们？既然这样为什么不放弃？你想救他吗？你们关系好吗？你会自责吗？在这则采访播出后，董倩受到了很多网友的口诛笔伐，也是这个采访，让这个金话筒奖获得者的风评急转直下。作为一名记者，董倩是有自己独特的采访风格的，她直来直去的采访风格有些时候能够直接切入问题的关键痛点，但显然在这次的采访中，由于准备时间过短，董倩未能做足前期准备，在提问中没有与消防队员换位思考，也少了些网友所说的"人情味"。

总的来说，想要与采访对象共情，需要出镜记者在前期做好采访前的准备，在采访中尊重采访对象、彰显人文关怀、懂得换位思考，才能与受访对象产生共情。当然共情力不是每个出镜记者都拥有的，但这是一个出镜记者的必修课，只有真正学会与采访对象换位思考，产生情感上的共情，才会挖掘出更有价值且更具人文关怀的新闻。

二、出镜记者的培养

媒介融合时代的出镜记者培养应该关注到三个方面：系统的人才培养机制、完善的考核体系、适当调整人才结构。

（一）系统的人才培养机制

播音与主持专业培养了主持人，新闻专业培养了记者，出镜记者的工作在两者之间，既需要标准的普通话基础，又需要专业的新闻素养，但在我国现阶段本科教育的课程设置中，针对出镜记者所设置的专业课程，只在少部分学校中有所体现。"建立健全有效的人才开发机制，并且树立科学的人才晋升通道，是为整个媒体行业输送记者人才的关键。"[1]随着融媒体时代的到来，技术的进步让每个人都可以成为时代的记录者。自媒体工作者的增加使出镜记者的工作门槛似乎也有所降低，尽管工作门槛降低了，但高校应从学科建设规划和专业设置中为出镜记者的培养制定系统方案，针对融媒体时代出镜记者的培养可以结合新闻专业的理论基础和播音主持专业的实践技巧。

很多时候，大学生在校期间进入电视台实习期最先接触到的就是出镜记者的工作，并很快有机会站在镜头前成为一名传统媒体的出镜记者。现在在我国优秀的主持人队伍中，大部分是出镜记者出身。在传统媒体中，

---

① 王晓霞.全媒体记者的素质能力与培养路径［J］.新闻传播，2022（20）.

绝大多数出镜记者是通过不断实践慢慢成长的。高校应根据当下用人单位的实际需求情况进行课程改革，从实际的角度出发培养出适应时代发展需要的人才。拥有相关专业的院校应与媒体行业密切联系，建立实习基地，增加学生实践机会；定期邀请媒体工作者到高校举办讲座、培训；增加院校与媒体行业的联系，设立媒体行业专场招聘会，为学生与媒体行业之间搭建桥梁，全面构建学校、学生、媒体行业互通的人才培养体系。

（二）完善的考核体系

"绩效考核是一种衡量、评价、影响员工个人表现的正式系统，以此来揭示员工工作的有效性及其未来工作的潜能，从而使个人、组织和各利益相关者都能获益。"[①]在媒介融合时代，出镜记者的工作内容也在增加，不同类型的出镜记者的工作方式、工作方法各不相同。建立健全完善的考核体系有助于激发出镜记者的工作热情，明确的晋升体系可以使他们建立不断自我激励的心理模式，为媒体行业筛选人才，激发记者们的潜能。但制定出镜记者的考核晋升制度时，要注意不能一概而论，要注意进行"差异考量"。

在制定考核制度时要根据工作的差异做出调整。出镜记者们每个人负责的新闻方向有所不同，比如负责民生类新闻的记者可能每天都有大量的素材，可以一天制作出多条现场报道视频，但时政类新闻类新闻的出镜记者可能需要花费一天的时间制作出一条新闻。因此如果只拿"量"去考量一个记者的业绩是不可取的。可以制定灵活化的考核标准，除了部门制定考核计划外，还可以增加部门记者互评和记者自评，让考核加入更多综合的考量，不再局限在条条框框中。制定完善的考核体系和晋升制度，有助于促进出镜记者行业的成长，使其明确自己的发展方向和目标，优胜劣汰，从而筛选出真正优秀的出镜记者，使这个职业形成一个良性的循环。另一方面，通过考核和晋升，出镜记者们可以准确地把握现阶段工作中的薄弱环节，方便部门进行培训或根据个人的优缺点从工作方向上进行调

---

① 胡君辰，郑绍濂.人力资源开发与管理（第三版）[M].上海：复旦大学出版社，2004：200.

整，从而不断完善、最终制定出切实可行的考核体系与晋升标准。

（三）适当调整人才结构

人才结构的调整是指通过一定的方法、手段、措施，对现有的资源进行重新组合和调整。这些调整可能是来自不同媒体集团的记者队伍，建立统一的全媒体资源平台，对出镜记者的分布进行统一地规划和调整，并且全面把控现阶段出镜报道方面的问题和薄弱环节，有针对性地进行培训和指导。例如，帮助新入职的出镜记者进行岗前培训、积累工作经验、学习采访时需要的工作技能；帮助传统媒体中的出镜记者学习新媒体的采编方法、直播技术、摄像技巧等，使传统媒体出镜记者更好地融入媒介融合的大环境。这种人才结构的调整要勇于打破固有的传统媒体模式，真正使各有所长的出镜记者在适合的岗位中发挥最大的价值。

第三章 媒介融合时代的现场报道类型解析

现场报道作为电视新闻直播节目的重要组成部分，其在参与性、时效性、真实性方面的优势对节目以及事件的发展起着至关重要的作用。在媒介融合时代，新媒体技术的发展使得现场报道从渠道、平台、语言、互动方式等方面都发生了巨大的变化。本章将从重特大新闻的报道、公共卫生事件、大型活动报道、体育赛事报道等不同类型的现场报道中，通过梳理以上类型报道的特点，以及通过我国主流媒体优秀记者的具体报道表现来比较传统媒体时代和如今媒介融合时代出镜记者的报道特征，从而更清晰地展现出当下媒介融合时代出镜记者面临的挑战和机遇。

第一节 重特大新闻的报道

针对重特大新闻事件和突发事件的直播报道已成为当下电视新闻发展的大趋势，足以看出现场报道对于此类重要事件进行大范围传播的重要性和必要性。不论是对于展现重大媒介事件的见证与参与度，还是告知受众突发事件中的未知紧急情况，现场报道总能以它的真实性、时效性、公开征等特性成为电视新闻直播节目中不可缺少的重要一环，我们也正是在一次次重特大新闻的现场直播中借助报道记者的真实视角对事件的现场情况有了更深入的感受。

一、重特大新闻的含义

中国重大事件电视直播始于 1984 年 10 月 1 日，庆祝新中国成立35周年的国庆大阅兵，但由于当时电视并未普及，因此公众参与度不高。1999年，庆祝新中国成立五十周年，电视直播占据了绝对优势。10月1日，我国城市中有93.3%的家庭收看了中央电视台现场直播"中华人民共和国成立50周年庆典"节目。重大事件的电视直播已经在不断地影响受众的收视习惯，尤其是2008年重大事件频频发生——5·12汶川地震、奥运会等等，使得电视直播这一形式成为大众获取最新消息的第一选择。而在这些重大事件的电视直播中，出镜记者的现场报道成了电视节目最常使用的一种形式和手段，也是新闻现场直播不可或缺的重要元素。

像奥运会、国庆阅兵等这些具有周期性、固定性、公开性特征的重大的且具有历史性意义的事件，我们称之为媒介事件。这类事件的传播尤其体现在其仪式性的情感凝聚力量，将具有同一记忆或民族历史背景的人们凝聚为一种"想象的共同体"。因此这类现场报道除了有记录真实现场的功能，还更有"仪式性"的纪念价值。

除此之外，由于近年来突发事件频发，引起社会广泛关注和热议。这些事件往往由于突然发生，让人措手不及但却波及范围比较大，因此这类事件的现场报道的必要性和重要性不言而喻。

对于突发事件的定义，2007年施行的《中华人民共和国突发事件应对法》对此给出了具体解释：突然发生，造成或可能造成严重社会危害，需要采取应急处置措施予以应对的自然灾害、事故灾害、公共卫生事件和社会安全事件。

综上，本章对于重特大事件的新闻现场报道主要分为重大媒介事件和突发事件，并通过分别举例的方式对其在传统媒体时代和媒介融合时代的具体表现进行特征的总结。

二、重特大事件报道的特点

重特大事件的报道往往由于其事件本身属性，提高了广大观众对其现场直播的重视程度。不难看出，重特大事件的现场报道不仅对观众了解现场情况建构了"在场"参与的可能性，同时也因为它第一时间传递了突发事件的真实情况而满足了观众的知情欲望，成为政府的一个信息告知以及展示的窗口。不论是万众期待的重大媒介事件，还是十万火急的突发事件都少不了现场报道的存在，因此接下来也将从这两方面特点分别进行梳理。

（一）重大媒介事件报道的特点

1. 前期准备时间比较充足

在我国，一些重大媒介事件的时间相对比较固定，如国庆阅兵、建党70周年、奥运会等等。这不仅对于记者来说能够有比较充足的前期准备时间，同时对于报道整体的策划与调整也给予了足够的空间，甚至可以根据现场发生的多种情况提前设计不同方案。

原央视新闻中心地方部北京记者站记者张颖参与了2015年9·3阅兵报道。为了高质量地完成报道工作，她提前研究了2009年国庆60周年的直播报道，采访了来观礼台观看阅兵的几位观众，还了解了观礼台工程搭建所用钢材的数据参数、座椅是否耐高温等工程方面的信息。直播时她介绍的纪念品给人印象深刻，这都源于事前充足的准备。虽然直播团队有过多次演练，张颖还是为自己所在的观礼台报道点做了三个直播的突发预案。至于为什么要准备三个预案，张颖介绍说："直播时什么情况都有可能发生，虽然演练多次，我们已经有了报道底气，但是我还是做了预案，目的就是无论发生什么突发情况，我都可以用最专业的状态去面对。根据报道经验，我做了一些假设，根据这些假设去制定方案。"[1]从这里不仅能感受到专业记者面对重大媒介事件的严谨态度，也是这类重大事件对记者提出的严格要求。这类事件受关注度极高，要尽可能地做好各种预案以防万一，给观众呈现最完美的现场效果。

同时，也由于这类事件的具体时间和流程会在前期筹划时基本确定，留给记者事先在报道场景中的选择权更大，比如可以选择更加有利的道具、地点、顺序、走位等使得对现场事件的报道更加完整和清晰。

例如，在2008年北京奥运会期间推出的《奥运来了》大型直播节目中

---

① 宋晓阳，刘威. 大小屏现场直播报道案例教程［M］. 北京：中国广播影视出版社，2021：126.

设定了"小节探营"的板块,央视记者王小节以现场体验式报道为主,设置了如下一些环节作为其报道的内容。

【案例1】奥运来了:奥运村的中国形象

播出时间:2008年

播出平台:央视新闻频道

出镜记者:王小节

报道内容如表3-1所示。

表3-1 《奥运村的中国印象》报道内容表

报道环节设计	记者出镜报道语言
通过 3D 地图演示出镜记者所在奥运村的具体位置,标记后引出记者的现场报道	今天我带大家逛逛奥运村,这里是我们体育记者最有可能碰到体育明星的地方了……
镜头随着记者边说边走,移动到事先已经设计好的标记地点:奥运村商业文化街标识系统牌旁边,记者继续进行介绍	我先给您介绍一下这儿的地理位置吧,共有三大块,有商店啊、发廊啊,跟生活起居相关的设施应有尽有……
记者用毛笔写自己名字:小节,体验书法学习过程	可惜小时候没有好好学书法,不过住在村里的外国朋友可以得到正规的中文学习机会了……
记者移动到桌子前,拿一个中国结进行展示	这边还可以感受中国民间手工艺品传统的制作……
记者拿起一幅书法作品进行展示,与前面记者写下自己的名字相呼应	这就是一个爱尔兰朋友留下的墨宝了,写得还不错……
镜头随记者右手指向移动,场景墙上挂满了徽章	这里是我在奥运村可以说最喜欢的一个地方,纪念章交换中心,在这里可以买到各种精美的奥运徽章……
记者走到奥运徽章柜台前挑选	我们现在来买一些限量版的徽章……
记者到达奥运村商店,展示环保 T 恤	这几天入住的运动员都可以领到一件环保T恤衫……
记者拿起旁边已经准备好的废旧塑料瓶进行描述	每个 T 恤都是由五个废旧塑料瓶做成的

2.需参考新闻背景或相关资料

正是由于此类重大媒介事件的前期准备时间比较充足，因此对于记者的要求也不仅局限于在现场用感官将自己的体验告知观众，而是需要有目的性地将新闻背景信息或资料和新闻现场进行巧妙的有机结合，并借助自己的现场视角展现给观众，最大程度地将现场信息和事件的背景资料进行融合展示。这将极大地丰富报道内容，同时也能够在一定程度上使受众加深对事件的认识和理解。

3.呈现形式更多样

与突发事件相比，媒介事件的现场报道能够给记者和现场环境提供更丰富的技术支撑和多样化的环节设计，为画面呈现的完整度、美观性、流畅性以及现场信息多层次的表达、可视化呈现都增色不少，同时也为记者灵活调动现场提供了技术支撑。如在2020年十一国庆期间，央视新闻新媒体推出的大型主题报道《坐着高铁看中国》中，八位处在不同地点、负责不同线路报道的记者同时进行直播，在同一个画面上凑齐了一幅"八宫格"的视图。这不仅创新了呈现形式，也丰富了观众的观看体验。

（二）突发事件报道的特点

1.前期准备时间十分有限

由于突发事件发生突然，让人始料未及，因此对于记者来说前期准备时间更加紧迫，这对记者的快速搜集和梳理线索的能力、及时的反应能力、细致的观察能力以及良好的心态都提出了更高的要求。甚至突发事件发生几小时内，记者就已经第一时间动身前往事件发生地，在路途中就进行电话连线汇报自己在途中了解到的信息。

2.报道难度较大

由于突发事件的不确定性和复杂性，即使是身处第一现场的记者也难以在短时间内弄清楚事件的全貌，且事件发生的各个环节都有发生各种新情况的可能性，现场环境的混乱也给记者增加了实际报道难度。因此，这就格外考验记者对于现场的判断能力，尽快了解信息，理清报道思路，对目前获得的信息根据重要性进行排序，尽快形成报道框架，使得现场的情况能够第一时间呈现给观众。

3. 对报道的时效性要求高

与报纸和广播媒介相比较，电视这一大众媒介的及时性、生动性、现场感、信息量大的报道优势和传播特点，对于突发事件的报道有着一骑绝尘的报道优势。同时我国中央人民广播电视总台的权威性，也对于保证新闻的真实性有极强的说服力。此外，正是由于突发事件的不可预知性，才使得来自现场的真实信息更加重要和珍贵，此时出镜记者是距离现场最近的有效传播者，很多时候，记者的准备和现场直播是同步进行的。

4. 在报道过程中应体现人文关怀

突发事件一般以负面事件居多，伴有灾难性、破坏性的后果，记者在现场观察和体验的同时也要对当事人、亲历者或目击者进行采访。在采访过程中记者除了要态度真诚、坚持以人为本的理念、避免发生对采访对象的二次伤害外，在保证客观真实记录和报道的同时，一定的情感流露会让报道更加人性化。例如，在2008年汶川地震抗震救灾的过程中，央视记者李小萌在采访后步行回绵阳的途中偶遇一位老人，他正走在与下撤村民们相反的道路上。记者上前采访，旁边路人和记者都告知老人前方很危险，但这位老人却坚持想回家看看，劝阻未果只能提醒老人慢走，山上路况不好要小心，多保重。已经起身挑起扁担的老人走出几步后，又回过头来说，"谢谢你，操心了"，然后独自挑着扁担朝地震后大山里的家走去。小萌望着老人瘦弱的背影渐行渐远，再也抑制不住自己的情绪，在镜头前痛哭起来，然后擦干眼泪，继续前行。

5. 根据事件发展情况进行持续动态报道

突发事件一旦发生，其造成的后果绝不是短时间内可以消除的，不论是事件发生的现场情况抑或是后续的救援、灾后重建工作，都要求记者持续跟进当地具体情况，及时做好后续报道。在这个过程中，现场报道记者掌握的每一点变化和新的信息，都将成为其所在的媒介平台的观众了解现场情况的直接信源。因此，记者现场报道的动态性要满足电视直播的需要和受众收视心理的需求，而动态报道也是现场记者保证其发布信息时效性的最大法宝。①

6. 对报道信息准确度要求高

在当下新媒体时代，信息传播高速化、飞沫化，尤其是在突发事件爆发初期，网络上的相关信息真真假假，一般人难以辨别。因此专业新闻记者在现场发回的信息对于舆论的引导和真相的披露作用就显得尤为重要，一旦记者的报道有重要信息报道错误，那对于后续报道的难度以及舆论走向的纠偏都将造成巨大困难。因此记者要在报道前做好调查核验工作，以确保信息的准确性，避免报道失实的情况发生。

【案例2】《新闻1+1》天津："危险"的爆炸！

播出时间：2015年8月13日

播出平台：央视新闻频道

出镜记者：蒋林

视频文案：

主持人：蒋林你好。

记者：岩松你好。

主持人：我觉得首先要关注你的位置，现在你离爆炸点，也就是核心的这个地方有多远，你的报道现场。

记者：我在今天离爆炸现场最近的时候，直线距离不超过一公里，透过天津海关的大楼，我在爬到这个楼上15层的时候，可以非常清晰，就像可能刚才通过无人机所看到的这个画面，今天下午其实我一度站在这个窗口，我也会觉得很刺痛。而且蒸腾起来的这种浓烟，我们在15层的大楼上也可以闻到。我现在的位置在今天下午有了一次向外的撤离。其实这是因为今天下午风向有了一个小小的变化，从面向我们海关大楼右侧方向调整到了海关大楼的左侧。这修正的一点小小的角度，但是对于周边的不少的救援抢险，包括我们现场报道的人来说，可能又有了新的危险。所以在今

---

① 白嗣新.重大事件中出镜记者现场报道研究［D］.武汉：华中科技大学，2009.

天下午大概四点钟的时候，现在到达的这个位置距离核心现场是1.3公里，但是并不遥远。

主持人：蒋林我要打断你一下，其实此时此刻你离1.3公里已经足够近了，我也注意到你在准备连线的时候没有戴口罩，现在连线也没有去戴，那么是否接到相关的这种信息，比如说空气是安全的，是否有一些有害物质，你们有过这样的采访，或者说得到这样的提醒了吗？

记者：嗯，那我就把我今天下午的这个感受做一个梳理，在到达核心现场，也就是说最近大概隔一公里的这个位置上，因为当时的风向是和我们擦身而过的，所以其实浓烟是从我身旁大概50米的地方过去，那么在这个时候其实是闻不到现场有任何的爆炸或者燃烧之后的味道。但是当我爬到这个海关大楼上的时候，风向发生了变化，非常清晰地能够闻到。而且直到现在，其实会觉得自己的鼻腔，或者说自己说话的时候，嗓子会有一点小小的这种刺激性，因为这毕竟是一个堆放化学品的仓库。而我现在所站的这个区域，其实是和现在的风向成一个平行的状态，风是朝我们现在所说的可能偏向于渤海的这个位置上继续在吹。那么我们距离它的这个一公里的距离，其实就是一个平行于现在烟所飘的这样的一个距离。在我今天下午六点钟的时候得到过一个消息，就是原北京军区防化团在相隔500米的这个范围之内，他们没有检测出氰化物。但是这个消息其实停止在了今天晚上的六点钟，我们也希望随时更新这样的空气监测信息。他们派出了很多的流动观测车，变成了一个环状去围绕着现在仍然在燃烧的这个区域。但是现在现场仍然在开一个会，所以我没有能够拿到最新的一个消息，但是距离这个平行的风向，我是闻不到任何气味的。

主持人：嗯，你刚才提到了这个防化人员，那现在现场是否还有燃烧点，是否还有火光？另外防化人员之前就说要进入核心区，现在是否已经进入？据你了解的情况。

记者：嗯。好的，我先来请大家看一看我们车载的一个远景的摄像机能够给到的此时此刻距离我1.3公里以外的一个画面。天色渐暗，但是很明显在我的身后有一片天际是能够被照亮的，而这个光亮点并不是一处，从我这个角度上看，其实它是一条线，它也就在告诉我们，其实我身后可能会有不止一个起火点。那么我也想请车上的导播为我们叠出一个画面，这是今天晚上7：20，我们在能见度允许的情况下，最后进行了一次航拍。在这个时候升空，其时天色渐暗，和我们下午看到最大的区别就是除了烟柱，除了可能白色、灰色或者黑色不同的这种浓烟之外，我看到了非常明显的明火。这就告诉我们，其实现场的这种火势，虽然可能和昨天比较起来，呈现一个减小的趋势，但是现场仍然有不少的起火点。另外问到了这个关于防化人员的这样一个问题，防化人员在他们到达之后，最开始我们了解到的情况是他们会身着重装的这种防化设备，我的理解应该就是一个最严密级别的防化服进到核心现场。但是通过对于现场的研判，确实可能这个危险性仍然是非常大的。所以现在是通过一个对周边逐渐去缩小一个监测范围的方式，来得到现场的一个实时的数据。我会在这一段连线直播结束之后，再次去联系一下这个防化团的相关人员，我也很想知道他们的人员有没有进去，或者他们现在有没有带回最新的情况。

主持人：好，非常感谢蒋林，你自己一定要注意安全，另外也等着你最新的信息给观众朋友来进行通报。好，刚才我们已经通过他给我们提供的即时的这样的一个画面，感觉到后面儿天际处依然有很多这种燃烧点，那此时应该进行怎样的处置？既满足大家赶紧把这火势给控制住，同时还必须保证这种处置是安全的。接下来我们来连线一位专家……

……

主持人：对不起，蒋林究竟是后面是火还是其他的什么信息发生变化了吗？

记者：好的，我只能够在这样一个范围之内描述一下我最新看到的情况，大概就是在我刚刚和你通话结束之后，现场是出现了大概有将近40秒的时间，明显的我们可以感觉火光在变大，而且有一股这种白烟蒸腾起来。现在还不能够去确认这样的一个光亮的增加，是否有了新的更靠近我们的燃烧点，那么还有一种可能是我们今天下午其实在听到消防部门对于他们抢险的预案的一个情况，预案处置的时候有说到他们可能会通过一种轻度爆破的方式，来把一些堆放的化学品炸开，通过一种点对点的轻度爆破的方式来进行一个灭火。那么我先把这个消息告诉大家，然后我现在马上去核实我们刚才身后到底是一个什么样的情况，岩松。

主持人：好，谢谢蒋林，接下来我们继续连线袁院长。

从上述记者在报道天津港爆炸事故时的具体情况中不难发现，蒋林对爆炸现场的情况分别从风向、味道、空气检测结果、燃烧点的火势情况等角度进行了准确的报道。不仅将现场信息的精确度大大提高，并且能够在现场突发新情况后第一时间报道消息并立马核实真实情况。可见优秀的专业出镜记者对待突发事件时报道信息的严谨程度，这也为我们日后记者在突发事件的报道中树立了榜样。

三、传统媒体时代重特大事件报道特点

由于重特大事件普遍有价值性高、受众关注度大的特点，因此这类事件的现场报道也一直是备受瞩目的焦点。对重特大事件的及时报道不仅仅是提高政府的权威的需要，同时也是满足公众知情权，保证新闻透明性和真实性的体现。因此本书将从传统媒体时代重大媒介事件和突发事件分别进行梳理，感受我国对于重特大事件的报道历程与当下媒介融合时代此类事件报道的变迁。

（一）传统媒体时代重大媒介事件的报道特征

1. 报道叙事：新闻事件本身的"线性"逻辑被重构

常见的新闻叙事模板有倒金字塔式、沙漏式、递进式、悬念式、典型集合式、逻辑板块式、复线式以及华尔街体。[①]虽然这些模板各有侧重，但共同特征是将"线性"发生的事实打破并重构成"非线性"的新闻作品，故事的时空被打乱，并按照叙事者对于新闻价值的理解进行重构。

---

① 易油均. 从"独白"到"对话"：电视新闻现场报道到移动新闻直播的叙事嬗递［J］. 新媒体研究，2020，6（03）：95-97.

2.传播范式：从"讲话"到"对话"的转变

在早期传统媒体时代电视新闻的主要是"上传下达"式的信息播报，满足了大众的知晓权，主要担任党的喉舌及宣传方面的角色，电视新闻主要是"宣传品"。20世纪80年代在我国改革开放的进程，通过不断学习和引入ENG等新技术、纪实主义等理论以及国外优秀节目等手段，使我国的影视制作技术、节目理念等发生了较大程度的转变，加上我国媒体自身经验的积累，使得我国电视新闻制作理念、节目样态、语言方式等都得到了突飞猛进的进步。[①]从传播观念来讲，这一时期最为重要的变化在于开始尊重受众，考虑受众的审美和想法。同之前早期的电视新闻相比，这一时期的电视新闻语态方面更有平等交流的理念，在具体表现上也有明显软化的特征。由此可以看出，新中国成立以来我国电视新闻在传播方式上呈现出了从"讲话"到"说话"的变化，但是仍然不可忽略的是早期总体来说还是没能摆脱媒体占据主体地位的状态。

麦克卢汉曾将电视划归为"冷媒介"，有着使人深度介入的特性。但只依靠电视无法实现与观众良好互动，也就难以获得观众即时且真实的反馈，自然无法实现更好的传播效果。但是随着直播时代的到来，连线直播报道结束了我国电视新闻节目只能"自说自话"的独角戏的传播模式，主持人与出镜记者的直播连线，代替观众向记者提问，透过记者的视角来获得现场的"一手"情况，满足了观众的参与感。观众的地位又一次得到提升的同时，大大提高了节目的传播效果和观众体验，这也为我国电视新闻进入融媒体时代奠定了基础。

（二）传统媒体时代突发事件的报道特征

中国对突发事件报道的历史由来已久，对于灾难新闻传播的控制和舆论的引导非常重视。以下将简单梳理回顾新中国成立以来我国突发事件报道的历史演进过程。

在1949年—1979年期间，我国的新闻及宣传体制一直沿袭的是新中

---

① 崔林.电视新闻直播报道：现场的叙事［M］.北京：中国传媒大学出版社，2012：29-35.

国成立前的新闻传播模式和苏联时期的新闻传播模式，新闻传播高度集中化。且当时出于对社会安定和国内外政治因素的考量，我国政府对于突发事件的报道态度慎重、大众对于事件的认知取决于政府的安排，因此形成了"报喜不报忧"和"内紧外松"的突发事件报道指导思想。

20世纪80年代后，国务院办公厅、中宣部发出《关于改进突发事件报道工作的通知》中指出"为了争取新闻报道的时效，对于不同性质确定在不同范围公开报道的突发性事件，可分阶段发稿。新闻发布单位获得中央或地方有关部门提供的或记者自行采访到的确切消息后，应尽快发出快讯，先对基本事实做出客观、简明、准确的报道，然后再视情况发展做出后续报道。"以及1994年的千岛湖事件未能及时公开报道所造成的舆论危机和后续的一系列中央颁布的通知和规定，推动了我国对突发事件报道的控制在逐步放宽。[①]

2003年的"非典"事件是我国突发事件报道的重要转折点，对我国突发事件报道和新闻发布制度都产生了深远影响。由于当时对于疫情信息的及时公开报道，提高了新闻透明度、有效地减少了谣言的传播和大面积扩散，也得到了当时受众的认可。通过"非典"事件的新闻传播经验，我国政府对于公民的知情权更加重视，努力推动灾难新闻报道体制逐步朝着规范化、制度化的方向发展。由此我们也能够从中窥得我国早期在突发事件的新闻报道过程中的特点以及不足，从而"对症下药"。在当今媒介融合时代更好地发挥媒体在突发事件中的重要作用。

1. 注意平衡报道以稳定社会秩序

电视媒介由于兼具广播和报纸的双重优势，有着"图文声影"并茂的特点，可以充分发挥现场报道的优势，为突发事件的报道提供技术支撑，使新闻报道在能够满足新闻真实性的基础上，对现场事故情况、灾区景象、救济情况等有更直观的报道，满足人们的知情权。同时，记者要注意报道的平衡性。对突发事件进行报道的目的是保证社会的稳定，而不是

---

① 谢耕耘，曹慎慎，王婷. 突发事件报道［M］. 上海：上海交通大学出版社，2009：6-10.

要增加社会的恐慌；是为了让人们直面灾难的本质，激发起危机感和责任心，呼吁有关地区、本国人民及国际社会的援助，与党和国家风雨同舟、患难与共，共同努力弥补灾难造成的损失。①此外，从梳理我国突发事件的报道变化中，不难看出我国媒体在对待突发事件的新闻报道上的处理方式正在发生变化。新闻报道的公开性和平衡性将是我国新闻报道的坚定方向，更加透明公开的舆论环境也必将为政府的公信力和引导力的提高提供肥沃的土壤。

2.一般性动态报道多，深入追踪的报道较少

众所周知，突发事件虽然让人措手不及，但是此类事件原因的复杂性、发展的阶段性、事件解决的结果以及后续的恢复情况等都应是媒体报道的重要议题，也是人们继续追踪事件进展、体现媒体报道完整性、深入性和政府行动力的重要证据。但是在传统媒体时代，对于突发事件的报道大多存在"无疾而终"的情况，或者只对突发事件进行一般性的动态报道，缺少对此类事件衍生问题的深入挖掘。

大众传媒在突发事件中经常扮演着社会风险的预警者、舆论的引导者、社会动员者、社会心理抚慰者等角色。突发事件的发生、发展以及后续情况，在不同时期会有不同的呈现，新情况随时都有可能发生。而在传统媒体时代，媒体对突发事件在较长时间段内的完整记录和相关问题的深入报道存在一定缺陷，这也将为今后突发事件报道的进步提供新的方向。

四、媒介融合时代重特大事件报道特征

（一）媒介融合时代重大媒介事件的报道特征

1.叙事角度：切口小、接地气、表达更生动

与传统媒体时代更注重整体事件的氛围烘托相比，融媒体时代对于媒介事件的直播叙事更注重以人为本、贴近群众，表达也一改比较刻意、隆重的语态，使得重大媒介事件和每个人有关。如中央广播电视总台记者

---

① 孙旭培，牛静.论突发事件中媒体的报道重点［J］.今传媒，2006（06）：14-16.

王冰冰在两会报道中使用vlog的形式，从个人小视角区对"两会"这样一个宏大、严肃的重要事件的切入，不仅为宏观报道做了补充，也激发了年轻群体对"两会"这一内容的关注。在《"两会"你我他》特别报道中，王冰冰在北京街头用手机拍摄vlog的方法，用个人的小视角和真实体验来反映"两会"中的相关内容。其中有一期节目王冰冰冰以第一人称视角进入养老驿站，记录了她在驿站做义工的体验，从侧面补充了"两会"中政府对于养老问题的解决现状和北京市政府推行的社区养老服务驿站的便利性。通过教老年人使用智能手机这样生活化的小事，将社会关注的"空巢老人"问题引出。通过生活化的小视角来展现社会关注的重要问题，使得表达更加真实生动，提高了传播效果。

不仅如此，融合媒体时代更注重将严肃重大议题以接地气、有趣的角度进行合理的编排。如2020年2月1日，在中央广播电视总台《总台记者探访武汉市红十字会仓库》的直播中，主播被仓库保安"请"出了现场，1 400万在线网友目睹了这一过程。随后"央视记者遭遇武汉红十字会保安阻拦"话题登上微博热搜，足以看出这一编排的用户认可度。这场报道通过制造"悬念"来展示现场情况以及揭示背后的原因，满足了大家的好奇心，也提高了新闻本身的传播效果。

2. 报道角度：多元化

新媒体环境下，人们时间日益碎片化，超注意力的现象已然成为普遍现状。因此若想抓住人们的眼球、提高内容传播效果，节目内容就更需要提高可看性和趣味性。对于一些严肃的、宏大的事件，现场直播更需要多角度的报道，不仅是对于事件有更完整、全方位的报道，同时也能够及时给观众提供新鲜感。

如新华社记者张扬在"两会"期间连续三年都通过vlog的形式将自己参与"两会"的工作进行记录，让我们看到了更多视角、更真实的"两会"。

3. 报道形态：直播常态化

融媒体时代带来了全球电视新闻业生态的巨变，直播这一形式使得传统媒体的电视新闻在融媒体时代的传播技术、传媒生态和传播格局的大变革中仍能够屹立不倒，[①]它是收视率的保证，也从根本上改变了电视新闻的节目结构和运行模式。电视新闻直播的核心内容来源于现场，而直播常态化意味着现场报道在电视新闻报道领域的重要性与日俱增。

4. 报道转向："后台"前置化

传统媒体时代的现场报道的重点在于结果的呈现，是一种将准备的成果向受众展示与告知的思维。然而在融媒体时代，尤其是移动小屏的直播报道更加注重接地气的真实的报道，而且智能手机这一媒介本就是当下大众最熟悉且常用的媒体设备。现场报道不再只是记者的特权，因此，融媒体时代的现场报道明显开始进行思维转变。美国社会学家欧文·戈夫曼曾提出过"拟剧论"——将人们的日常生活表演的场景分为"前台"和"后台"，"前台"是人们进行表演的地方，"后台"则是为表演做准备不让观众看到的地方。融媒体时代的现场报道将重心转向揭示重大媒介事件从前被忽视或神秘化的"后台"，也意味着融媒体时代的报道将更注重对精美"前台"效果呈现的前期准备过程。从前无人问津的"后台"转变为让大家眼前一亮、真实又接地气的"前台"。

【案例3】《日出东方 庆祝新中国成立70周年》中央人民广播电视总台央视新闻新媒体70小时直播早上6点—8点时段

直播时间：2019年10月1日

播出平台：央视新闻客户端

出镜记者：齐莉莉、王刚、马文佳、张鹏军、王宇、吕小品、柴静、陆明明、刘峰、李屹等

报道详情见表3-2。

---

① 陈永庆.电视新闻直播报道：现场的叙事［M］.北京：中国传媒大学出版社，2012：05.

表3-2　报道详情表

时间	报道地点	报道内容
0：00—05：35	演播室	主持人开场、介绍直播流程顺序以及内容预告
05：35—11：46	国家博物馆顶楼	从国家博物馆楼顶看天安门全景
11：46—12：51	演播室	主持人串场
12：51—27：00	徒步方阵	15个徒步方队陆续抵达长安街
27：00—27：55	演播室	主持人串场
27：55—38：24	女兵方队	方队进行适应性训练
38：24—40：59	演播室	主持人串场、互动
40：59—49：27	长安街北侧	介绍国庆集散保障组，指挥国庆游行群众集结疏散工作顺利完成
49：27—52：07	演播室	主持人串场、与观众互动抽奖
52：07—57：48	观礼台东侧	介绍临时观礼台的细节
57：48—58：39	演播室	主持人串场
58：39—1：08：47	天安门观礼台西侧	从临时观礼台视角看阅兵，揭秘"飞猫"摄像机如何拍摄方队队列
1：08：47—1：09：48	演播室	主持人串场
1：09：48—2：00：48	天安门广场军乐团、武警部队方队、天安门北侧东临时观礼台、群众代表方队	解锁联合军乐团"彩蛋" 15个方队进行第二次适应性训练 揭秘新中国成立70周年群众游行队伍如何迅速集结和疏散 东临时观礼台视角独特位置三条线的作用

通过位于演出不同场景的记者们对新中国成立70周年庆典的"后台"部分进行揭秘，不仅让观众提前对整场庆典有了"节目单"般的流程预告，还将准备阶段一些不太完美的却更加真实的画面进行展示。在这个过程中，观众也会进一步加深对此次庆典的认同感，体会到参与庆典的人民群众的信念感和参演人员的使命感，进一步强化了民族的凝聚力，使观众对此次庆典的记忆更加深刻。

（二）媒介融合时代突发事件的报道特征

1. 大小屏配合直播报道

移动视频直播这一专业概念缘起于腾讯视频、新京报"我们视频"这样的新闻机构。对于电视媒体而言，电视是大屏，手机是小屏，移动视频直播在电视媒体领域通常被称为小屏直播。2016年5月20日在VGC（记者视频回传系统）技术平台的基础上，央视新闻开发了移动直播技术平台，第一场移动端小屏直播是《强降雨袭击江西多地，央视记者深入吉安被淹地区》。①央视一直以电视新闻直播报道见长，而它第一次尝试移动端视频直播就以突发事件的报道作为突破口，这也体现了其新闻媒体的属性和小屏直播在突发事件报道中起到的重要作用。

2. 记者角色转变："自拍自报"式报道

在新京报的"我们视频"中，有一个叫《紧急呼叫》的新闻栏目，2019年3月10日埃塞俄比亚航空飞机失事后，记者申晓磊在事发后的第一时间赶到了现场，并独自在现场进行了拍摄采访。②像这种"自拍自报"式的现场报道之前并不常见，以第一人称进行叙述的报道方式增加了真实感和说服力，并且在报道过程中对于画面的选择更有自主性，摄像和记者的双重角色极大程度地提高了单一记者角色对于现场的掌控权和支配权。同时，在报道过程中记者充分利用长镜头对新闻现场进行更完整和客观的呈现，也极大地节省了人力物力。这一场报道在全网的播放量超过2000万，引发了人们对灾难的共情，也被推选为2019年上半年《紧急呼叫》"好稿奖"作品。

3. 报道注重现场体验感

记者作为屏幕前观众现场体验的代偿者和信息传递者，在报道的过程中要尽可能地将自己在现场的真实感受用生动准确的语言传达给观众，

---

① 宋晓阳，刘威.融媒体主持传播案例教程大系 大小屏现场直播报道案例教程［M］.北京：中国广播影视出版社，2021：191.

② 董子涵.电视新闻现场报道新探索——以新京报"我们视频"为例［J］.传播力研究，2019，3（19）：89-91.

使得现场报道不仅仅是信息的陈列，还有更人性化的真切感受，让观众对现场情况有更强的画面感和情感共鸣。同时基于记者个体的真实感受也有利于演播室的主持人更好地和专家学者对现场情况进行沟通和判断。如在2018年8月12日，央视总台记者张鹏军在甘肃白银强降雨导致的山洪灾害现场完成的这场报道中，我们可以清晰地看出他在报道过程中，通过老段和老刘两位当事人的遭遇对山洪灾害当时景象的还原，并充分结合当时现场被洪水冲泡过的冰箱、柴米油盐、蔬菜等细节，用"讲故事"的方式进行报道，给人一种身临其境的在场感和沉浸感，记者当时的状态也体现出对遭受洪水灾害老乡的同情和惋惜。

【案例4】［新闻直播间］甘肃白银 强降雨影响 连续出现山洪灾害

播出时间：2018年8月12日

播出平台：央视新闻频道

出镜记者：张鹏军

视频文案：

主持人：受降雨的影响，最近三天甘肃的白银靖远县连续出现了山洪灾害，不仅造成了人员的伤亡，还对当地的基础设施造成了严重的破坏，200多户居民房屋受损，被紧急转移。现在情况怎么样？马上来连线央视记者张鹏军。鹏军，你好。

记者：你好。

主持人：来给我们介绍一下当地的灾情。

记者：好的。8月9号晚上到8月10号凌晨，两次山洪已经造成了甘肃省白银市靖远县十人遇难，两个人现在还是失踪的状态，现在搜救的工作仍在持续。这次山洪实际上还对当地的200户700间房屋造成严重的损伤。我身后是咱们鹰嘴村的老段家，大家可以看到他们家的一间卧室现在已经是里墙朝外，面目全非。但是好在老段他当时及时听了村干部的话，撤离到了安全的地方。

那么在这边我们看到这间房子是老刘家的，老刘是一个比较倔强的人。洪水来的时候，他说，五十多年了没见过这里发什么大洪水，所以他当时也没有及时撤离，眼睁睁地看着自己家后院变成了河道。我们下来的时候，小心一点。这块大石头是老刘家房子的地基，现在也是轰然倒地，包括我们看到现在他们家的院落已经变成了一个大水坑。老刘说，其实在洪水到来的时候，刚开始他还不害怕。直到水慢慢抬高，就像我们现在在爬坡一样，一点一点地上升到了他们家后院。这道门是老刘和洪水做抵抗的一道堡垒。

进到屋子里面，可以看到地上厚厚的淤泥高达十多厘米，还有这样的面袋子。这些袋子当时老刘说看见水上来之后，他关上了这扇门，试图用这个袋子把门堵住。显然这是徒劳的，洪水无孔不入。我们看到厨房地上从淤泥里面抠出来的，这是一个萝卜，这是一棵白菜，都是老刘亲手种的，还没来得及上桌，就已经在淤泥中埋葬了。这里还有一袋土豆，要不是泥土干了一些，我们已经认不出来了。

这个木板子当时也是用来抵挡洪水的，但是这些都没用，因为水的位置我们看到墙上的印已经有30厘米左右，和我的雨靴差不多高度。这是一个饭桌，曾经承载过老刘一家无数的欢笑，但是现在上面沾满了泥土，只留下了半袋盐，半瓶醋。

实际上，看起来灾害离我们柴米油盐的生活并不遥远。这边有一个冰箱也被洪水搬离了原来的位置，像是一个流离失所的孩子站在窗边守着自己家里的归途。老刘最后还是放弃了和洪水的抵抗，他来到了前院，发现前院也变成了水渠，当时水漫过道路，从他们家的前院（流过），我们看到一直向下流，而且上到了台阶上，这个时候他开始害怕了，他给村干部打电话说家里面的房子有可能会倒，希望能够及时地得到救援。我们通过稍早前我们村干部拍摄到的手机画面回到事发前的那一刻，当时村干部在给他回电话的时候说千万不要着急，你和妻子就在原地找一个高点，我们马上就到。当时机智的村主任是开了一个挖掘机，他知道洪水现在已经是漫过了路面，一般的车肯定是来不了，人也不一定能够下到水里，因为当时水特别的湍急。所以老刘两口子就是在挖掘机的帮助下，坐在挖掘机的爪子里面把他们运送到了安全地带。回望这个房子的时候，老刘说当时他心里面特别害怕，他觉得自己当时的决定甚至可以说是幼稚的，因为在洪水面前，再坚固的房屋都可能不堪一击。

好的，回到直播现场，我们再来看对面，在马路对面，我们看到有一些房子现在已经坍塌了。那个房子里面实际上是住着60个铁路工人，好在接到预警之后，他们及时逃离，逃离后不久房子也就塌了，现在想起来人们还是心有余悸。

对于老刘来说，他和爱人现在也已经是转移到了安全的地方，得到了妥善的安置。而对于这间房子来说，下一步可能就是要对他进行一个评估，也许在这样的地方可能离洪水还有一些近，下一步像这样的一些房子进行评估之后，可能会搬迁重建，我们希望下一个家能够远离风雨，护得一家人的周全。好的，现场就是这样。

4. 直播报道过程与网友实时互动

"万众皆媒"是当下新媒体时代的一个重要特点，每个人都有了手持麦克风的权利，个体反馈和互动的速度也得到了大大提升。这一点在现场报道的过程中也有具体体现，这意味着观众能够及时和现场记者进行沟通交流，这种互动更直接地满足观众需求。记者在报道中可以回应观众的问题，不仅增强了观众的现场参与感，也能够为直播过程提供更多有效信息，丰富了报道内容。

【案例5】台风"白鹿"福建东山县登陆直击台风眼现场

播出时间：2019年8月25日

播出平台：新京报"我们视频"

记者：贾洁卿

报道内容结构如表3-3。

表3-3 报道内容结构表

时间	报道内容
00：00—01：32	卫星云图
01：32—38：34	记者边走边说：从海浪、风力、云量、雨量等方面报道了台风当时的情况
38：34—最后	在直播的过程中与观众互动

视频文案：

记者：我们现在看一下网友有什么样的互动。

有网友说让我们注意安全，谢谢，我们一定会注意安全。因为现在我们也是在离堤岸比较远的位置，我们现在看一下，现场有指挥的人员在做指挥。因为有一辆车从这边儿驶过去，其实是很危险的。我们一定要注意安全，这样的行为一定是不被提倡的，因为现在在岸边走很危险，我们也是撤到离岸边七八米的距离，谢谢各位网友的关心。

我们再看一下，有网友说可能刚刚从别的直播房间过来，那边风小雨也小，说觉得在瞎说。其实并没有啊，因为台风瞬时的影响，我们不确定它的台风眼是在什么位置，能够带给旁边什么样的影响。我们现在可以看到这边的工作人员是在把一些停车的标志原本是放在路边，但是现在也是成"一"字形，拦截在路口了。因为刚才有车辆可能不知道这边不让走，所以大的车还是从这边过去了，现在他们通过放置了一些这样的标志也是起到警戒线的功能，不让大车再从堤岸旁边过去，保证安全。有网友在说登陆的时间，要跟大家更正一下，今年的第11号台风"白鹿"登陆的时间是在早上的07：25左右。那么，登陆的地点就是在我们现在所在的漳州市东山县的沿海附近。虽然登陆当时并没有很强烈的感受，因为台风在中心的区域其实是风平浪静的，我们当时也是看到了气象局的预报才知道台风登陆了。

所以有很多看我们的网友，我特别想知道您那边现在的天气如何？台风有没有影响到你所在的城市？比如说我们现在可以看到在腾讯直播间，这个ID叫作宝菜的网友说汕尾也没风。汕尾离我们的距离，我们可以从地图上来看一下，稍等我来看一下。广东省的汕尾市距离我们直线距离359公里，开车的话四个半小时的时间。虽然300多公里，其实相对来说离我们距离还是比较远的，可能现在台风还是离我们会比较近，我在猜测台风眼。虽然现在距离台风登陆已经有一个小时的时间了，但是受它影响得比较大的还是它登陆过的这样的一个区域。现在汕尾可能还没有很大影响，但是不知道在未来的几个小时之内会不会影响。这位叫作宝莱的网友，还有您所在区域的这些网友，一定在出门的时候要注意安全，随时携带雨具。

这个很俏皮啊，有网友说这"白鹿"还没成年，又小又皮，连登陆都蛇皮走位。昨天晚上的时候我们看到台风白鹿是有点往南走了，我们还在担心会不会本身说影响到广东的东北，会不影响到广东东南，甚至往这个海南的方向去走。但是它往南倾斜了一下，就还是在原本计划登陆的这个福建东南部登陆了，所以我们才看到气象局发布7月25号登陆到我们现在所在的这个区域的消息出现。其实它的一个风雨比我们在半个月前登陆的利奇马台风，它相对来说影响是比较大的，它造成的人员的损失也是非常大的。但是正因为这匹"疯马"在海上消耗的这个风量啊，雨量都比较多，所以时隔半个月，白鹿在登陆的时候就会发现它的风也并没有那么强了。当然这也是一件好事，但是台风登陆毕竟不是什么好的事情，所以大家一定要在出门的时候注意安全。

我们可以看到有网友说幸好没去，对这个确实是幸好。因为昨天我们在厦门的时候，已经有100多架航班取消了，同时也有一些动车，一般都是从厦门往返到泉州、广东这些地方的动车都已经停运了。所以咱们这边要是有出行计划的朋友，尤其是在这两天，可能截止到26号吧，一定注意。注意随时关注你航班航线的变化，注意安全，可以更改你的计划、一些车次，防止耽误你的出行。

我们可以看到网友蓝天飞翔是来自厦门的朋友，他说厦门也在下小雨，其实昨天晚上差不多九点钟的时候，我们开车驶离了厦门。然后，差不多是在凌晨的时候到达了漳州这边。我们走的时候，厦门也是在下小雨，不知道现在厦门的风力怎么样？

有网友叫陈清安，他说福建的长乐风平浪静出太阳了，看来还没有影响到这边。台风到几点，现在我们是没有办法去预测的，包括气象局也是没有办法去预测的。但是预计它影响的一个大风、暴雨差不多在福建，会是从今天的8时到26号，也就是明天的8时这一个时间段内，它的雨量是会比较大的。包括它影响的区域，不仅是在福建东南部，广东的东部、广西的东部、江西的南部、湖南的南部、台湾岛等地区都会有大到暴雨。那么其中在广东的东部和中北部，广西的东北部，还有江西的南部等地，局地都有大暴雨和特大暴雨。同时在青海东北部，包括甘肃中部、宁夏中部、内蒙古的东部、吉林的中部、江苏的东部等地局部都有大雨，所以听到了刚才所说的这些区域的市民朋友在出行的时候要注意，包括我们可以看到上述地区局部伴有短时的强降雨和雷暴、大风等强对流。最大小时降水量是在30到50毫米，局部地区可能超过60毫米。60毫米是一个什么样的概念？可能北京全年的降水量是在600到700毫米，一般集中在七月和八月，它的降水量会比较大。但是刚才我们说到这些地区可能局部地区会超过60毫米，就是说到达了北京全年十分之一，可能这样对比会比较形象一些，大家出门的时候还是要注意带雨具，注意安全。

从记者贾洁卿的此次报道的互动部分，可以看出她在面对网友质疑时选择马上给予回应，也会主动抛出话题引发网友的讨论，还会对网友的提醒进行礼貌回应，拉近距离。除此之外，记者在与网友进行互动的同时还能结合现场情况和画面不断进行信息增量，充实现场报道内容。

综上，我们从上述这些优秀记者的报道案例中窥得了传统媒体时代和媒介融合时代出镜记者在重特大事件报道现场的部分特点。我们能够感受到目前媒介环境、传播渠道、受众需求等变化对当下乃至将来出镜记者报道提出的新的要求。传统媒体的记者要积极提高自身素养，不断适应新媒体环境下的变化，才能巩固在传统媒体时代积累的优势，在媒介融合时代焕发新的光彩。

第二节　公共卫生事件的报道

公共卫生事件的现场报道在当下越来越受到重视。一方面，这是由于目前社会环境相对比较复杂，且公共卫生事件发生突然，往往事先没有征兆或征兆难以识别；另一方面，在目前全球化的时代背景下，大型突发公共卫生事件一旦发生，其产生的影响可能会通过交通和物流等方式传播到其他国家。如当大洋彼岸的欧美地区国家爆发新冠肺炎疫情时，我国的新冠肺炎疫情也同样发生并大面积传播。此外，这类事件发生的频率也在不断提高，为了更好预防和应对此类事件的发生，做好公共卫生事件的报道势在必行，这已经成为媒体报道的"必修课"之一。因此对于探究公共卫生事件的报道，对当下和未来记者处理此类事件突发情况的报道有着重要意义。

一、公共卫生事件的含义

根据我国《突发公共卫生事件应急条例》中对公共卫生事件定义可知，公共卫生事件是指突然发生，造成或者可能造成社会公众健康严重损害的重大传染病疫情、群体性不明原因疾病、重大食物和职业中毒以及其他严重影响公众健康的事件。[1]由此可以看出此类事件对人民生命安全的重要性以及报道的必要性。

二、公共卫生事件报道的特征

（一）报道议题具有导向性

突发公共卫生事件爆发时，其波及范围或影响到的不仅仅是个体，更是群体性、大范围的，且总是呈现出一果多因、一因多果、相互关联、牵

---

[1]　中华人民共和国中央人民政府网站．［EB/OL］．http://www. gov. cn/zhengce/2020-12-26/content_5574586. htm.

一发而动全身的复杂态势。一些突发公共卫生事件会涉及社会不同利益群体，敏感性、连带性很强，处理不好可能严重影响人民群众身体健康并造成社会混乱，以致影响社会稳定和经济发展。①媒体作为社会风险的预警者和守望者，其发布的内容有着"议程设置"的功能，能够通过对报道不同议题的显著程度进而影响人们的判断。因此，媒体既要及时向公众传递事实真相、满足人们的知情权，同时也要积极引导舆论，指导公众的想法和行为朝着良好态势发展。

（二）报道具有阶段性

公共卫生事件的发生、发展具有阶段性，在不同的阶段有不同的特征，可以分为事件酝酿期、事件爆发期、事件扩散期、事件处理期、处理结果与后遗症期。在事件发展的不同阶段，记者要随实际情况及时动态地调整报道重心和报道主题。

（三）报道需凸显人性化

公共卫生事件影响范围之广、对人民群众身体危害和心理影响之大，意味着其报道必须以人民为中心。要聚焦并关注每一个普通人的命运，通过事件中普通个体的遭遇反映真实情况，才能使得报道更打动人，引发人们的心理认同感。因此记者在具体报道过程中要深入群众，真诚耐心地与群众采访和沟通，体现报道中的人文关怀。

（四）报道内容确保真实快速

在公共卫生事件爆发时，因为其与广大群众的生活息息相关，因此信息环境的不透明以及这类事件传播速度之快、蔓延势头之强，使人们极容易陷入未知的恐惧情绪中，因此，在报道过程中既要在第一时间弄清楚情况，又要保证事实的真实性，只有将真实消息传达给受众，才能最大程度上及时控制疫情，避免社会陷入恐慌的状态。如2020年1月20日《新闻1+1》节目中，白岩松作为一名记者型的主持人，就当时社会关切的新冠

① 柴光军. 突发公共卫生事件的特点、防控对策和措施［J］. 解放军预防医学杂志，2013，31（05）：385-387.

疫情相关问题对钟南山院士进行提问，首次对疫情是否会人传人的问题公开回应。这在当时是专家首次正面公开回应新冠疫情的传播途径，对于辟谣、正确引导舆论以及规范人们后续对新冠病毒的防疫措施都起到了极其重要的作用。

（五）报道周期相对较长

不同于一般的突发事件，公共卫生事件往往持续时间较长，难以在短时间内结束，因此要保持对事件发展走向的密切关注。公共卫生事件的报道也要关注到事件本身后续衍生出来的社会各领域的问题，这需要记者对事件进行动态持续报道。

三、传统媒体时代公共卫生事件报道的特征

我国对于公共卫生事件的现场报道从2003年"非典"事件开始出现集中式大规模报道，人们开始认为此类事件的报道应该成为一个特定的新闻门类，也正是由于此次突发的大型公共卫生事件的及时报道与信息公开，极大程度上提高了新闻的透明性和政府形象的公信力。

2003年5月1日，《抗击"非典"直播特别报道》是中央电视台新闻频道针对当时"非典"疫情推出的第一个大型直播节目。它连续11天播出，以最快的速度让观众了解每日疫情，并请专家分析最新疫情情况，同时连线采访各地负责人，介绍当地抗击"非典"的具体实施情况，最大限度满足了当时受众的信息需求。①

（一）报道方式：事实报道到新闻故事化趋向

通过早期的报道与现在公共卫生事件的现场报道的对比，可以明显感觉到报道方式的变化。如在早期《新闻调查》中，记者柴静对"非典"的报道形式和重心主要是对事实的真实呈现。她从非典的发现、隔离和治疗三个过程中进行记录，在和医院医护人员的交谈中和与患者的交流过程中

---

① 杨明. 导向·时效·深度——从"非典"报道看央视对突发事件新闻报道的组织实施［J］. 中国广播电视学刊，2003（07）：6-7，10.

获取信息，这在当时确实对"非典"疫情的事实公开起着重要作用，同时也对回应关切、及时报道政府的政策措施、稳定民心有积极作用。但是单纯对事实的报道不能够满足人民群众缓解社会焦虑的情绪诉求，且事实报道的形式相对比较单一，可看性相对较低。

【案例6】《新闻调查》非典阻击战（节选）

播出时间：2003年

播出平台：央视新闻频道

出镜记者：柴静

视频文案：

记者：从北京市发现第一例被确诊的非典型肺炎的患者以来到现在，随着疫情的加重，北京已经开始了一场跟SARS病毒作战的没有硝烟的战争。北京市政府出台的应急预案当中，其中三个非常重要的环节是对SARS病人的发现、隔离和治疗。那么这三个环节是怎么样运转的？能不能够有效地控制疫情？我们要进入这样战斗的最前线开始调查。

画外音：北京市急救中心在这场抗击非典的战役中承担着发现和转运病人的重要任务。直至4月22日，120接到非典疑似病人的电话后的一次行动。接到疫情报告电话，初步辨认为非典疑似病人后，120出车将病人从家中接送到相关医院的发烧门诊部。

医护人员：发烧的、疑似的、自己感觉不放心的，这种的发烧的病人可以打120，这样可以避免一些交叉感染，就是说如果他发烧了以后，他要坐出租车或者公共交通工具容易扩大感染源。

记者：就从19号开始，你们的120的急救电话开始向普通市民开放，能够接收非典型肺炎的可疑的病人之后，你们到现在接了多少个电话？

医护人员：原来每天的电话的呼叫量一天一夜也就在300多个左右，300个左右，那么现在呢，一天能达到7000多个。

记者：那你们现在在每天打进这么多电话的情况下，能够保证120的畅通无阻吗？

医护人员：嗯，是这样，我们急救中心自己有28辆车，现在在运转着，这个实际上，北京市的18个区县，每个区县设有两部专车，也是在做这些工作，那么这50多部车同时要由我们120急救中心统一调配。

记者：因为大家都很关心，运送SARS病人的车跟普通的救护车辆有什么不一样吗？

医护人员：那是绝对分开的，我们连行走的，就是车辆停放的位置、工作人员、车辆里边的防控措施都是不一样的。

画外音：120快速有效的服务，为尽早发现可疑病人和使病人得到快速治疗提供了坚实的保障。从居民家中接来的非典疑似病人，很快被送到医院的发烧门诊部，设在各个医院的门诊部负责对初步认定的非典病人就地隔离治疗，之后等待集中转运。

记者：要交代哪些东西？

医护人员：就是把我们刚才问的那些情况再和他们细说一下。然后里面的任务就交给他了，再去查一下，确诊，看具体情况再说。

记者：然后你们呢？

医护人员：我们就返回了。

画外音：我们跟随拍摄，接送完病人后，准备跟随120返回急救中心，进行专业消毒工作。

记者：我刚刚跟急救15号车回来，看到现场已经有六辆车待命，准备去人民医院接这一批疑似的病人到政府指定的地坛医院去，我们将继续跟踪拍摄这个大型的转运过程。

画外音：按照北京防治非典型肺炎联合工作小组的部署，北京120急救中心设立了转运指挥调度中心。北京各个医院发烧门诊收治非典型病例后，会立即报告调度中心，由中心统一安排急救车及时向收治非典型肺炎病人的定点医院转运。设立定点收治非典病人的医院的目的既可以把首都地区的床位、医疗技术等各种医疗资源整合起来，让非典病人在传染病防治经验丰富的医院中得到更有效的治疗，同时也可以保证更广大的市民能够放心安全地到医院就诊。

医护人员：我们现在就是疑似和确诊的病人要转运，发烧、白细胞低、肺部有片状阴影，附有喘咳的症状，然后使用抗生素无效的，转的都是这种的（病人）。肺里没有问题的，我们都没转。

记者：今天一天得转多少病人呀？

医护人员：今天一次转29个。

医护人员：都是先通过急诊，不是往病房收吗，因为我们急诊污染了，但是那个时候还不知道是污染了多少，所以就都收进病房了，到病房他一旦发病了，一个又传染了好几个。这种情况之下怎么办呢，我们就得把他们赶紧隔离到病房里，就是单间，单间医务人员要穿防护服，但是毕竟有一个过程，他总要从病房出来，他也不能老在病房里待着，因为呼吸道隔离太需要条件了。

记者：那怎么办呢？

医护人员：所以我们就要把他转走。

记者：转到地坛（医院）去。

医护人员：对，转到地坛（医院）去，然后我们再消毒病房。

画外音：人民医院收治的29名非典病人被转移到了北京的地坛医院。这是北京六家定点收治病人的医院之一，非典病人和非典疑似病人都被收治进医院，但是如何切断传染源，阻止病情的扩散和蔓延呢？请您继续跟随新闻调查的记者到北京阻击非典的最前沿。

随着我国公共卫生事件报道的不断发展，对此类新闻故事化的报道方式开始兴起。新闻故事化是指以讲故事的方式还原新闻发生的过程，从一个微小的切入点窥视整个新闻背景的一种报道方式。[①]如在2011年塞拉利昂突发的埃博拉疫情，记者杨春通过疫区一个打招呼手势的小切入点，对于当地疫情情况展开介绍。

---

① 何艳.探析新冠肺炎疫情期间新闻报道的故事化表达［J］.传媒论坛，2021，4（11）：78-79.

【案例7】直击埃博拉 本台记者抵达疫区

播出时间：2014年10月25日

播出平台：央视综合频道

出镜记者：杨春

视频文案：

主持人：现在是当地时间下午两点多钟，本台记者杨春和黄峰已经投入工作，还在疫区进行采访，我们马上来联系一下记者杨春。你好，杨春辛苦了，请你给我们介绍一下你目前的位置，还有就是你所了解到的这个疫区的情况，还有我们中国医疗队在当地还好吗？

记者：好的，在这个连线开始的时候，我先给你，也给观众朋友们介绍一下我在塞拉利昂新学到的一个礼节。现在塞拉利昂的当地人见面的时候已经不握手了，而是屈起这个手肘，用这个手肘来互相碰一下。这一方面，是减少身体上真正的接触，同时也反映了疫区人民群众的一种相对恐慌的心理。

今天，我们和中国赴塞的两支中国医疗队——中国援非医疗队和中国人民解放军援塞医疗队都已经见面了，特别是今天下午还看到了我们中国疾控中心的副主任高福院士，那么高福院士一见到我呢，就开玩笑的，我们俩用手肘互相碰了碰，用这种敬礼来互致问候，也可以想见专业的人士也用这样的一种相对风趣的方式来打招呼，可以看出埃博拉在当地人们心理上引起的一些微妙的变化。那么我们都非常关心在塞拉利昂的中国人的安全状况，可以说大部分在塞拉利昂务工、做生意的中国人已经在第一时间返回了，他们都很安全，那么还坚守在塞拉利昂的中国人普遍有一种比较乐观的精神，刚才我跟一位在这儿打工的中国人，我问他怕不怕，他说咱们当年SARS那么大的疫情都度过了，这点儿事儿还行，不怕。

但是，有几个数据我要汇报给大家，首先全塞拉利昂，比如说平均只有六辆救护车；再比如说，平均两万塞拉利昂人只有三个厕所。所以这几个数据反映出当地这样恶劣的卫生条件，包括全塞拉利昂在我们中国医疗队建立真正的传染病隔离中心以前是没有任何符合条件的传染病医院的，所以现在加拉埃博拉病情依然严峻。彭坤，这是我这里的情况。

主持人：好的，谢谢杨春，也请你以及我们在疫区所有的工作人员、医护人员都多保重，一定要平安。

从以上两段现场报道中可以看出报道方式的差异，记者柴静冷静地对报道信息的处理，对具体事实的呈现更加明确和直观。而记者杨春巧妙地利用更加有趣和贴近日常生活的方式，对塞拉利昂当地的疫情进行了报道。他用故事化的报道方式不仅真实生动地展现了埃博拉病毒给当地人们造成的影响和生活变化，同时从人们生活中的点滴小事入手，从细节变化反映出整个事件的情况。不仅能够更加有效地缓解在疫情裹挟下人们焦虑恐慌的负面情绪，也增加了报道的可看性和趣味性。这一趋势也在现在媒介融合时代体现得更加明显。

（二）报道视角：对于微观个体视角的完整报道较少

在早期报道过程中，很少从患者、医护人员、家属等在突发公共卫生事件中不可缺少的主体入手，单独从他们个体的微观视角梳理或记录整个疫情的过程。在"非典"的现场报道中，我们不难看到记者与患者或医护人员的对话，但是对于他们在疫情中不同角色的经历的全程记录却鲜有提及。关于此类事件的报道更多还是以"告知"的姿态来报道现状，现场报道在这时更多起着政府信息窗口的功能。但是不可否认的是，过程式的报道能够给人们提供更真实的视角和完整体验。如果记者能够不只是以旁观者的角色报道事件，能够在采访报道过程中跟随某一主体进行细致、全程的跟踪式深入记录，更多地与事件当事人进行深入沟通，或者描述自己在这一过程中的真实体验，将能够使得报道本身更加有说服力和感染力。

【案例8】《新闻会客厅》小萌探访内地首例甲型H1N1流感患者

播出时间：2009年5月13日

播出平台：央视新闻频道

出镜记者：李小萌

视频文案：

画外音：北京时间5月7日晚上11：20，美国密苏里大学的中国留学生包某从美国圣路易斯乘NW1526号班机于5月2日凌晨00：20到达美国圣保罗机场。在机场候机两个小时后，于北京时间5月8日凌晨3点15分乘NW19航班于当晚的08：25到达日本东京。在机场候机约一小时随即乘坐NW29班机飞往北京，同机有乘客223人和10名机组人员。在5月9日凌晨抵达北京。通过机场监控录像可以看到，在先后通过两次红外体温检测后，检验人员允许他通过之后，包某乘坐交通车前往首都机场边的北京首都机场航旅大酒店，车上除司机外没有其他同行人员。当晚，他独自住在酒店并没有外出。5月9日上午9时，包某乘坐酒店交通车离开，同车连司机在内共有7人。10：50包某乘坐川航的3U8882航班飞往成都，同机有乘客149人和10名机组人员。在飞机上，包某感觉自己出现发热症状，并伴有咽痛、轻微头痛、咳嗽、鼻塞和少量流涕，在当天中午13：17抵达成都之后，他从机场直接来到四川省人民医院就诊。5月11日上午，经卫生部确认，他被确诊为我国的首例甲型H1N1流感患者。据卫生部今天早上的通报称，截至5月12日21时，包某从北京到成都所乘航班的149名乘客都已被找到，这批乘客分布于全国的21个省、市、自治区。而和他从东京同机到北京的233名乘客中，23人已离境，仍有16人尚未追踪到。除了这16名乘客，其他被找到的乘客，两架航班的机组人员以及包某在酒店有过密切接触的其他人员均已被安排到相关机构进行医学隔离观察。另据卫生部昨晚通报，山东省再次发现一名甲型H1N1流感疑似病例，疑似患者吕某某，归国留学生，今天上午这位患者为确诊。

记者：田院长，现在医护人员在做什么呢？

医护人员：现在医护人员在给他做一些相应的检查，你看。

记者：这是在干吗？测血压？

医护人员：嗯，对，做每天例行的一些检查。你看从这个画面能看出来医护人员这个穿着措施很严密。那么他除了穿了很厚的防护服，还有护目镜这些，帽子、口罩全套装备。

记者：那现在是准备给他打针吗？我看好像清洁了一下胳膊。

医护人员：嗯，对。他可能是抽血，另一个可能是要给他打针，可能是抽血化验。

记者：抽血化验是看还有病毒吗？

医护人员：不，每天都要例行的，住院的病人每天都要查血常规、尿常规、便常规。就是通过这种治疗，血液当中的东西才能反映他的白细胞情况。

记者：现在他的情绪状态怎么样啊？因为听说开始的时候他有点不愿意接受这样一个现实。

医护人员：对，这种（事）谁遇到都是这样。他最开始还有一些情绪的激动和波动。

记者：是怎么样的一个表现呢？

医护人员：不愿意，不愿意留下来吧。就是在省院的时候就跟他说要留观，进行医学观察。他坚决不要，要走，就给他强制地留下。

画外音：包某，30岁，四川内江人。现就读于美国密苏里大学哥伦比亚分校，地球空间物理专业，在攻读博士学位。小包所在的密苏里州于5月7日首次确诊发现甲型H1N1流感患者，到目前为止共确认了14例。这14例确诊患者分布在五个县，但这其中并不包括小包所在的布恩县。小包是他们学校乃至布恩县出现的首例确诊的甲型流感患者。对于小包的患病，他在美国的室友昨天曾发表博客说，怀疑是自己传染给了小包。"我想说的是，这个病有可能是我传染的，不过如果是我传染的，应该就不是H1N1，这又说来话长了。"

电话连线：

小陈：我觉得是受凉了，开始是有一点点担心的，但是我第二天就去看医生，然后立刻就拿到结果了，然后回来我就告诉他，我说我是普通感冒。他就会觉得不会太严重。

电话连线记者：那你觉得你会不会被误诊？

小陈：有可能，很难说。

画外音：小陈，小包在美国的室友，密苏里大学计算机系的中国留学生。小陈说，他不久前刚刚做过多次飞机长途旅行，回到学校后曾经有感冒的症状，但校医院的诊断是普通的感冒。

小陈：我昨天接到学校的医院通知，说他们不打算给我做那个DNA的那种检测，就是最可靠的那种检测，因为我没有吃任何药，两天就好了，不知道是什么流感。

画外音：当然。小陈说，对于小包的病因，包括他也包括小包，本人都是在揣测。而据小陈的分析，除了他传染的之外，也还有其他几种可能性。

小陈：他生活就是这边普通学生的生活啊，就是拿奖学金，然后给老师干干活，每天他一般都会在学校的实验室里工作，很少会在外面活动。

电话连线记者：就是在5月7号之前那一周，他出去玩儿过吗？

小陈：他走之前在买口罩，但是这边口罩一直买不到。跑了若干商店，全部都卖光了，所以他有没有买到口罩也很难说，因为他去过超市这种人多的地方，他也有可能是在长途旅行的时候被传染上，这个也很难说。

画外音：本周五，密苏里大学将举行毕业典礼并放暑假，但目前在该校的网站上还没有任何时间变化或取消的通知。

小陈：没有见到戴口罩的人，大家都该干吗干吗，中国人会聊一下，对，就是因为有一些中国同学也要回国了，所以他会有点担心这个，担心这个就会不会隔离。

画外音：小陈在博客上提到，小包这次回国有一个目的是结婚。而当他在北京到成都的飞机上感到不适之后，当天到成都机场接他的父亲和女友一起把他送到了医院。目前，小包的父亲和女友也在医院进行医学观察。

记者：您是什么时间进到病房里面，和我们这个病人交流过？

医护人员：我昨天下午三点半，三点半快四点了。

记者：在里面停留了多久？

医护人员：大概一个半小时吧。

记者：跟他聊什么了？

医护人员：问他发病的一些过程，再一个问他发病的一些症状，主要是从中医的角度上的，然后探讨一下他整个得病的过程、体征，以及他自己的感觉、饮食的情况等这些。

记者：他说了什么？

医护人员：在美国就感觉有点不舒服，吃了一点中西药合成的那种药。

记者：在美国买的药吃了？

医护人员：不是，是中药，是他从中国带过去的药。吃一点儿就感觉好一点儿，然后坐飞机周转一圈，然后就回到成都。

记者：他还挺有意识的，他那时候有没有担心自己有没有可能是甲型H1N1流感？

医护人员：他没有，他觉得可能就是感冒，他没有想到这个事。

在上述报道过程中虽然报道内容始终围绕主人公包某，但是不难看出对其所有的报道都是从接触过他的人们口中获得的，对于其本人的感受和体验，记者却没有与本人进行连线。

（三）报道角色：第三人称报道为主

从第三人称式的报道逐渐过渡到如今记者作为体验主体的第一人称的报道是我国公共卫生事件报道历程中的一个显著变化，但在我国公共卫生事件报道的早期，主要还是以第三人称的角度进行报道。如在"非典"的报道过程中，记者柴静在穿隔离服和口罩等防护措施时，虽然摄像师有对具体穿着过程进行记录，但是记者并未对自身的感受进行有效描述。

【案例9】《新闻调查》非典阻击战（节选）

播出时间：2003年

播出平台：央视新闻频道

出镜记者：柴静

视频文案：

画外音：按照北京市防治非典联合工作组的统一部署，目前北京市的大部分非典病人被转运到了六所定点医院当中。

记者：对病人来说，能够接受及时有效的治疗至关重要。所以在北京市的应急预案当中，治疗是三个中心的环节之一。北京市政府指定了六家专门的定点医院来收治SARS病人，佑安医院是其中之一。我们在经过院方的允许之后，稍后将进入院区拍摄。

画外音：4月21日，我们来到了佑安医院的传染病房，在对所携带的微型摄像机进行防疫隔离后，准备进入该医院专门收治非典病人的病房。

医护人员：别用手，别用手，用脚。

记者：你们现在也是容易感染的高危人群，每天的防护怎么做啊？

医务人员：进来要有一个严格的装备，要戴帽子、口罩，要穿隔离服。所以这个地方，是我们戴帽子、口罩的地方，也就是说应该算是一个清洁的地方。每一个工作人员进来以后，他要戴双层口罩，主要是在呼吸道方面进行一个严格的防护，给摄像戴一个。好了，可以了，咱们进去。

从传统媒体时代公共卫生事件的现场报道中，能够见证我国从对于公共卫生事件的开始专门的现场报道到后来报道方式、报道视角和记者报道角色的不断进步的过程。也能够看出当时记者对于报道的一些尝试，这些对于在如今的媒介融合时代全媒体的公共卫生事件报道起到了积极作用。

由于当时媒介环境条件和技术条件并不完善和成熟，现场报道的视频资料比较稀缺，笔者仅就网络中有限的视频资料进行梳理。如有纰漏，欢迎批评指正。

四、融媒体时代公共卫生事件的报道特征

（一）故事化表达手法驾轻就熟

故事化表达，既是一种叙事方式，也是一种表现手法，能从多个角度呈现新闻事件。在媒介融合时代，这一特点得到了广泛应用。如此次新冠肺炎疫情央视的《战疫情》专题报道，有"逆行者""方舱日记""在一线""治愈回家的日子"等系列，以不同人物的视角，将其亲身经历呈现

在受众眼中，从而更全面地帮助大家了解疫情的方方面面。民众在获得信息的过程中，也达到了情绪的满足。

（二）传播渠道：全媒体传播

由于现在媒介环境的变化，人们对新闻的获取不再受到传统电视或者广播节目单时间的限制，可以随时随地用多种媒介手段第一时间获得信息。我国也正在打造新时代的"四全媒体"，通过此次2020年新冠肺炎疫情报道，利用互联网的实时性、互动性、参与性等优势，使得全程式报道记录、全员参与互动、多种形态和平台传播、多种体验感受成为现实。如抗击疫情期间人民视频推出的直播节目《人民战"疫"》（原名《武汉时间》）被上百家平台同步直播，每次都吸引几千万人收看。[①]

（三）全程报道将成为日后的报道方向

学者殷瑞杰认为，公共卫生事件的报道可以分为预警期、爆发期和消退期三个阶段，在公共卫生事件发生的不同阶段对于报道内容的选择进行合理的优化。下面以浙江卫视记者石磊随医疗队赶赴武汉报道的全过程报道为例，梳理他在新冠疫情的不同时期报道主题、报道重心的差异性。

1. 前期侧重报道动态消息，及时传递信息为第一要务

在疫情报道前期，记者跟随医疗队赶赴武汉疫区。由于当时疫情极大程度上影响了人们的正常生活，以及人们对疫情相关信息的未知导致当时人们对疫情信息不对称，极容易催生流言谣言，威胁社会正常秩序。因此记者将报道前期的重点任务定为及时采访传递这支医疗队的实时动态，回应社会关切。疫情暴发前期是做好信息上传下达的重要时期，记者每天报道在武汉疫区的真实情况，这对减少人们信息的不对称情况以及抑制流言谣言的传播有至关重要的作用。

---

① 崔士鑫. 主流媒体如何做好突发公共卫生事件宣传报道——以人民日报新冠肺炎疫情报道为例
[J]. 传媒，2020（05）：12—16.

【**案例10**】浙江三支医疗队今早奔赴武汉 本台记者随队出发

播出时间：2020年2月14日

播放平台：浙江卫视

出镜记者：石磊

视频文案：

记者：现在是2月14号的早晨八点钟，我现在在浙江人民大会堂东广场。大家可以看到，现在在东广场已经停了很多的大巴车，今天浙江将会有400余名的医护人员奔赴武汉进行支援，他们都是来自浙一、浙二的顶尖医护人员。我们也将跟随浙江医疗队奔赴武汉，用镜头记录下他们在湖北武汉工作生活的点点滴滴。这位是我的搭档朱佳琪，我们将一起，在湖北武汉为大家发来报道。我们可以看到在广场的台阶上，支援武汉、湖北的医护人员手上拿着"勇于担当、不辱使命"的口号牌，这样的场景的确让人感到热血沸腾。

（换场景）我现在已经到达了萧山国际机场。医护人员都已经走下了大巴车，即将进入机场去办理手续。飞机将在今天中午起飞，下午一点多到达武汉，接下来我将会跟随医疗队在武汉为大家发来报道。

2. 中期侧重新闻特写报道，采访要扎实深入，报道要见人、见事、见细节

2月26日播出的《90后医务人员：用青春守护生命》讲述了新冠肺炎定点医院武汉肺科医院的3位90后一线护士，在重症ICU病房这个与死神赛跑抢救病人的战场上，面对体力和心理的双重考验，他们咬紧牙关，经受住了严峻的考验。采访中，记者从前一天晚上8点一直拍摄到第二天凌晨5点，完整地跟拍了一次夜班历程。通过现场画面和护士们的讲述，真实记录报道了抗击疫情一线年轻人的坚守奉献。[①]

[①] 石磊.疫情一线特派武汉记者的现场报道策略［J］.青年记者，2020（35）：67—68.

【案例11】90后医务人员——用青春守护生命

播出时间：2020年02月27日

播出平台：浙江卫视

视频文案：

画外音：2月25号，已是晚上九点，武汉市肺科医院一楼13层ICU重症病房，来自浙江医疗队重症监护组的三位九三年出生的护士正在忙碌。他们每隔30分钟就要记录患者的生命体征，还要及时为患者吸痰、翻身、上药。隔离病房里既封闭又狭小，穿上防护服在这里连续工作六个小时，无论对体力还是意志力都是极大的考验。

被访者：一下班之后就全身是汗，也挺累的。测了测自己心率，也是一百四十几次，这样子就也挺慌的。

画外音：由于重症监护组负责的20张床位都是最危重的病人，长期在这样的环境下工作，压力可想而知。

被访者：都是些危重症，然后身上管子又很多，每天长时间面对这样的一个情况的话，其实心里面也是比较压抑的。

画外音：为了努力帮助这些危重症患者，每天管床护士都要让患者听一听家人的声音。这位42岁患者原来是一名心外科医生，进入ICU后一直处于昏迷状态，有一天他突然有了恢复意识的迹象。

被访者：那天，人的确是醒了，然后打电话的时候，女儿在那边喊爸爸什么的，说爸爸加油之类的，他都是听得到的，而且一直在点头。他一直在哭，一直在流眼泪。我也忍不住哭，后来哭了半个多小时。我们是工作这么多年，可能看到的生死会更多，但对他们来说确实真的很不容易。

画外音：这支重症监护组有来自浙江不同医院的30名护士，男护士赵建忠说，这一个月的锤炼让他一辈子都不会忘记，也让更多和他一样的90后们对工作有了新的认识。

被访者：不像平时那么毛躁一些，更多的还是要冷静地去面对，希望能够更好地处理这些情况。

画外音：凌晨三点多，三位脱下防护服、面部带着深深压痕的90后护士还要结伴步行十分钟才能回到酒店休息，回到房间还要清洗消毒，入睡时已天色渐白。这里是浙大医院，年轻医生苏俊威已经在隔离病区连续奋战了38天，今天他刚收到小侄女为他画的这幅《我的舅舅》。

被访者：对，然后她把我画在了中间，她说我的舅舅是权威，是感染科医生，是病毒的克星，他和全国的医生、护士超人一起将病毒杀灭殆尽，让他们小朋友安全地上学。

画外音：苏俊威刚工作时就遇到了H7N9禽流感，这次新冠肺炎疫情发生后他第一时间写下请愿书成为第一批从一月十九日就进入隔离病区的医生。

被访者：对我个人来说也的确是一次很严峻的考验。

记者：你怕吗？

被访者：没怕过，让我们年轻的男医生充当前线是应该的。

画外音：在隔离病区的每一天都是考验，苏俊威需要近距离与患者接触还要送患者去做CT检查，一天下来至少要走一万多步。与患者朝夕相处让这位年轻医生深深理解了临床医生的含义。

被访者：什么叫临床，就是你只有待在病人边上，他才能看到你这双闪亮的眼睛。我们一线的医务人员都是年轻的，他们都非常棒。这就是医院的财富，这就是病人的靠山。

画外音：而在台州恩泽治疗中心，抗击新冠肺炎一线医护人员刚刚结束14天的医学观察。90后医生谈朦，就是其中一位。防疫期间，每天她都要为患者采集咽拭子标本，这也是离病毒最近的一份工作。

被访者：心理压力会比较大，病人会对着你的脸咳嗽，近距离的咳嗽，是一个比较危险的一个动作。刚开始的话，第一次采肯定是下意识往后一躲这样的，但是后面也慢慢就习惯了。

画外音：谈朦在隔离病房冲锋陷阵，丈夫石鑫鹏则坚守外科医生岗位。疫情面前，这一对新婚的90后夫妻舍小家顾大家，用年轻力量守护着百姓健康。

被访者：年轻人必须奋战在抗疫一线，这对我们来说也是一次成长的机会，如果一线有需要的话，我一定还会上。

画外音：作为全省60多万医务工作者其中的一分子，90后医务人员在这场战役中始终坚守最前线，用自己的责任与担当展示了新一代医护工作者的良好风貌。

随着医疗队接管病区治疗工作步入常态化，记者的报道方向也进行了相关调整。从原来侧重动态消息的报道，转向需要花费一些时间跟踪深入拍摄的新闻特写报道。记者通过观察病人和家属以及医护人员的相处过程中的点滴小事，讲述微观个体与疫情抗争的过程，更加真实地展现了医护人员的辛勤付出和他们与患者之间的动人情感。

3.后期报道重点回归动态消息，现场注意抓取感人细节

后期的现场报道主要记录了当时浙江医疗队撤离武汉的情况，如《风雨同舟守望相助 武汉市民深情送别浙江医疗队》和《我省援鄂第二批返浙医疗队平安凯旋》这两篇报道，记者通过现场采访及拍摄到的感人的场景，让人们看到人与人之间互相关怀、支持和鼓励，以及人们送别时的依依不舍和感恩之情。

由此看出记者通过镜头全程记录了浙江医疗队与疫情抗争的全过程，并且及时报道抗击疫情取得的阶段性成果与公共卫生事件报道的阶段相契合。能够将报道不只简单停留在报道基本事实的层面，还能够将现场报道的深入性和感染力提高一个层次。

4.注重对微观个体角度的报道

此次新冠肺炎疫情的现场报道巧妙地将报道主题具象到某个特定的人物个体，通过串联他们不同的现实经历与生活遭遇，以引人入胜的故事营造出同一情境笼罩之下的相似情绪体验，[①]从而使报道者与受众之间产生情感连接，唤起大家情感上的共鸣。

---

① 张铭.主流媒体在突发公共卫生事件中的传播策略——以河南主流媒体新冠肺炎疫情防控主题报道为例［J］.中国广播电视学刊，2022（10）：124-126.

【案例12】《战疫情特别报道》医护人员的生命接力，一定要让他活！

播出时间：2020年04月16日10：00

播出平台：央视新闻频道

视频文案：

医护人员：好，章玮，你可以说话了，你可以说话了。你先平静一下，平静一下啊。不急，试着说几句，慢慢地试着发出声音。

患者：老婆，谢谢。

医护人员：太好了。

患者：老婆，我爱你。

主持人：刚才我们在短片当中看到的这位患者叫章玮，是一位新冠肺炎重症患者，前几天章玮和全力救治他的医疗团队曾出现在我们新闻频道的节目当中。"老婆，我爱你"。这是他经历了50天治疗后开口说的第一句话。章玮是新冠肺炎病情最重的患者之一，使用ECMO人工肺整整25天，而他也是求生意志最强的患者，他才35岁，拥有恩爱的妻子，可爱但是还年幼的孩子，他很想活下去。从2月6号开始，辽宁、河南、福建、湖北本地的医护人员全力以赴，与病魔较量，为生命接力奋战。

画外音：35岁的章玮2月6号入院，在病情危急之时，辽宁重症医疗队紧急给他上了ECMO，依靠人工肺支撑25天，将章玮从死亡边缘拉了回来。

医护人员：一般来说，ECMO可能就上十三四天，这个患者上了25天的ECMO，我们一直没有放弃。

画外音：撤下ECMO人工肺后，改为依靠呼吸机的支持，由辽宁和河南组成的医护团队，依旧是24小时精心守护在床边，为避免感染，每次换药至少需要半小时。

医护人员：你疼不？不疼啊。他就是一天在好一小点儿，我们只要做到今天比昨天好，昨天比前天好，那（病情）就会最终向着好的方向发展。

画外音：为了能让章玮多喝一点牛奶，增加营养摄入，医生们像哄孩子一样呵护着章玮。

医护人员：一小时30毫升，30毫升什么概念呢，就是刚出生的小孩

（吃的量）啊，你儿子都比你喝得多啊，是吧？

画外音：章玮的肺部病变已明显改善，从全白到炎症明显吸收。

医护人员：事实上可以说是一个不大不小的奇迹了，这么长时间的ECMO，肺竟然恢复过来了。

患者妻子：不要激动啊，不要激动，加油，你在那里好好安心接受治疗，我们都很好。

画外音：章玮恢复意识后，常常和妻子余轶视频连线。在章玮病重时余轶曾提出自费肺移植的请求，愿为爱人付出所有。

医护人员：他的爱人真是全心全意地爱他。她不计一切代价只要有挽留她爱人生存的这种希望，这个令我们很感动，也是最终我们没有对他放弃他支撑我们信念的一个东西。

画外音：辽宁重症团队和河南护理人员完成50多天的援鄂任务，即将撤离。3月25号的下午，他们将章玮转运托付给福建援鄂医疗队。ICU里，章玮的主治大夫贾佳久久不肯离去。近50天的朝夕相处，章玮于他不仅是患者，也是他最不舍还将时时牵挂的兄弟。

医护人员：一定要让他活呀，国家和所有的人民都希望你好，大家都在关心你。你要建立起战胜疾病的信心，我们一定能行，再见。

画外音：在福建援鄂医疗队和武汉人民医院本院的医护团队精心医治下，章玮的病情一天天在好转。

医护人员：章玮啊，我们要跟他进行脱机的一个实验啊，希望今天能够成功地把呼吸机脱掉。跟老婆说一下话，就说两句。

画外音：经过评估，医生认为章玮可以脱离呼吸机进行自主呼吸了。为了测试他的声带功能，医生鼓励他说句话。自从2月12号气管插管带上呼吸机后，章玮已经50天没有说话了。

医护人员：放松啊，还好吗？好，章玮，你可以说话了，你可以说话了，先平静一下。试着说下去，慢慢地试着发出声音，你现在可以发出声音了。

患者：老婆，我爱你。

医护人员：前期用ECMO来代替他的肺，后期用呼吸机来辅助他的肺。现在如果能够完全靠他自己的肺来维持呼吸，这就预示着他向全面康复迈进了重要的一步。今天早上，我们跟他做了一个测试，看一下他声带的功能。然后就让他试着说了一句话，我想把这句话给你听一下。听到没有？

患者：老婆，我爱你。

患者妻子：谢谢。

医护人员：这是他说的第一句话啊。

患者妻子：我知道，我每天跟他视频，然后给他发文字，他其实很想说话，很想我们，很想回家的，谢谢你们，谢谢。

医护人员：章玮在未来通过积极治疗。他应该是可以痊愈回家的啊，一关一关地过。

画外音：目前，章玮身上的医用管道已经全部拔除，进入全面康复期，一家人都盼着团圆的那一天。

患者：发病一开始，他们给我插管，然后我就基本上没有意识了，我做了好多梦，我在水下面被压着。然后呼吸很困难，但是我都看到了外面的阳光，我就觉得有人肯定会来救我的。这些医护人员、我老婆还有国家支持，把我救回来，我只是躺在那里。

画外音：4月15号，当呼吸危重症专家童朝晖带头的国家卫健委专家组小分队来到章玮的病房时，章玮正在康复医生的指导下进行康复训练。

医护人员：这两天能不能两边腿一起抬，可以可以，这个难度大一点，还是提肛收臀一起做，好吧。不需要很高，好吧？好，呼气放松，我刚好昨天在电视里看见你。你老婆和孩子还在家里等着你，你是武汉人吗？现在成了抗疫明星了，现在就靠你自己了，因为肺的病变已经在恢复阶段，等个半年一年，就完全好了，而且完全是你自己的肺，康复了以后，就跟正常人一样，没有任何差别，该干什么干什么。

通过上述案例，记者虽然没有出镜，但是却从医生、患者、患者家属等不同主体的视角入手，将患者完整的救治恢复过程进行展示。同时从他们之间的日常互动也能够看出医患感情之深，医护人员对患者生命不放弃的决心和实践，以及患者与家属之间最朴实的亲情。使报道在传播中起到情感纽带的作用，与受众进行共情传播。

（四）记者第一视角体验式记录

传统媒体时代，第三人称报道的历史由来已久，在当下现场报道更应该转换视角，以第一视角记录记者的亲身经历和感受，通过这种形式给观众带来更真实直观的感受和事实的呈现。

【案例13】央视记者武汉vlog：被感染医护人员向镜头比OK

播出时间：2020年

播出平台：央视新闻客户端

出镜记者：王宇

视频文案：

记者：现在我们手上拿到的是隔离防护衣。待会先换装，然后再进去（探访）。

医护人员：他这个是连体的。

记者：这也是属于一次性的吗？

医护人员：对，一次性的。

记者：这个穿完就得扔了是吧？

医护人员：对对对。先穿一条腿。穿个衣服都很难，每一道的话，我们都要用酒精把手消个毒。我建议你把口罩换一下吧，我们用那种封闭式的口罩，不要用那种出气阀的。

记者：好，每一道流程都要消毒。

医护人员：穿两层鞋套。

记者：要穿两层？

医护人员：对。这防护服里面有个胶布给你粘上了，它可以完全防护上。

记者：现在呢，我已经是把整套的隔离防护服穿上了，你看现在穿上不到五分钟，我整个面部的哈气就已经让我看不到外面了。那要跟大家做个解释的是，我现在穿的是按照我要进入病区的装备来进行穿着的，那如果我不进到病区，就像我旁边的夏院长一样，他们穿的就是这种普通的隔离衣，所以说还是有些区别的。

（五）报道的专业性提高

公共卫生事件的报道可能会涉及医疗、化学、生物等学科的专业知识，因此对于记者报道的专业性和准确性提出了更高要求。但是在非典时期的许多报道，由于某些仓促上阵的记者，不具备基本专业知识且准备工作做得不到位、不充分者结果在采访过程中身体力行地宣传了一些不科学的防治方法，而且对"全国一方"盲目喝中药的不科学防治予以报道，造成了非典防治工作的一度失误。特别是对"非典的传染性比流感弱，死亡率也比重症流感低"的宣传，竟有意无意地删除了"重症"二字，使专家的科学结论遭到篡改，在非典防治宣传中造成了负面影响。[①]所谓"隔行如隔山"，我国记者大都是传媒类专业毕业，对此类专业知识的积累并不多，因此就需要记者在进行现场报道之前，对报道涉及的专业知识及时求证和反复确认，以防止出现上述报道失误情况引发的负面影响。在此次新冠肺炎疫情的报道过程中，我们能看到专业记者对报道内容的严谨性要求，并用平实的语言叙述，使每个普通人都能够加深对报道内容中专业知识的了解和认识。

【案例14】战疫情·一线直击：记者观察 总台央视记者直击疫情一线

播出时间：2020年2月3日

播出平台：央视新闻频道

出镜记者：王春潇

---

① 宫春凤. 从非典报道看培养专家型记者的紧迫性 [J]. 新闻知识，2003（10）：29-30.

视频文案：

主持人：有关武汉战疫情的相关情况马上连线总台前方记者王春潇。春潇你好，今天在直播当中我们看到了你采访李兰娟院士和国家卫健委专家组成员的一线医生，接下来还是想和你继续聊一下关于一线的观察。时间交给你，春潇。

记者：好的，和佳。刚才我看到我的同事朱慧荣在前方带来的是武汉的此时此刻。那么，接下来我想给大家梳理一下，我在一线采访感受到的武汉在疫情的过程中的节奏和速度。刚才大家看了一个片子，今天上午我采访了李兰娟院士，她特别提到了第五版的诊疗方案，她讲到这版诊疗方案跟第四版的差别。那么我想让大家知道的是一月十五号第一版诊疗方案公布，一月十八号、一月二十二号、一月二十七号，我们知道这四版诊疗方案的更新是用了十三天的时间。现在距离一月二十七号又过去了一个多星期的时间了，第五版诊疗方案就在昨天24小时之前。我是在第五版诊疗方案的视频讨论会当中，采访到了李兰娟院士，当时我的同事在广东采访到了钟南山院士，我们可以看到大家集思广益，对第五版诊疗方案进行最后的商量，目的就是尽快把第五版诊疗方案推出。而这版诊疗方案又对我们目前的救治和防护提出了更加科学的措施，那么接下来我们将期待第五版诊疗方案的公布，诊疗方案的公布让我们看到了它更新的速度。

接下来我要告诉大家，通过我在一线的采访，特别是采访的李兰娟院士以及专家组的成员。我们知道目前救治还有一个重点，就是对重症和危重症患者的救治，大家知道吗？对这部分人群的救治力度的加大，就会降低死亡率的发生。那么在这样的关键工作中，当我们听到了加大重症和危重症患者的治疗救助力度这件事情正在做的时候，我下午采访的一线医生就告诉我说，春潇记者，今天你走了之后，我要去某某医院，我要去几家医院。我说您去这么多家医院干吗？您不是就在金银潭医院参与重症患者的救治吗？他说不是的。今天我们有一个走访会诊，这都是以前我们在医院不常听到的词。什么叫走访会诊？就是他要去多家医院为很多患者进行巡视、会诊，去找出这其中可以已转入到重症或者微重症的病房的病人，采取提前救治的方式，减少他们可能会不好救治的这样的情况，这样的救治关口的前移，或是重症转轻症发挥了关键作用，这就是我们在一线所感受到的救治速度。

那么要告诉大家，今天下午来到我们演播室的一些医生是北京宣武医院的重症医学科的主任。他告诉我，从大年初二参与到金银潭医院重症患者救治之后，他明显感觉到前方重症患者的救治难度非常大。最主要是医护人员的供给逐渐补上来的过程当中，床位是不够的。我们在前方也看到，最近增加了危重症和重症患者的救治力度的医院，以前是三甲金银潭医院、武汉市肺科医院和武汉大学的中南医院，现在又增加了三家，是同济医院的中法新城院区和协和医院的西院区，以及武汉大学人民医院的东院区。三家医院增加之后，对我们的危重症患者的救治将会是更有利的补充，也会让危重症患者在转入轻症之后床位得以循环起来。

可以说，这样的速度和落地也让我们在一线感受到了整个战疫过程中一线医护工作者和所有参与人的努力。那我们最后要告诉大家的是，在这两天的采访过程之中，大家也非常关心之前提到的2月3号将是一个关键的节点。都说这一天要复工了，当然很多地方都延长了这个时间。目前返回工作岗位的情况是逐渐出现了，不管是我们的李兰娟院士，还是我们今天下午采访到的一线的（工作人员）。医护工作者都告诉大家，复工不能松懈，防护还要靠大家，我们只有做好了，保护好自己，我们才能更好地战胜这场疫情。好的，这就是我在前方带来的一线采访观察，把信号交还给北京，和佳。

我国针对公共卫生事件的现场报道虽然年头不长，但是发展速度很快。在传统媒体时代，我们侧重于对具体事实信息的报道，而在今天我们则能够采取多种视角对疫情进行更全面和多元化的报道，做到了不仅能够第一时间将疫情相关信息进行准确报道，还能够用故事化的叙事手法进行渲染。观众在获知疫情真实情况的同时，提高报道的感染力，激发观众共鸣。

第三节　大型活动的报道

一、大型活动的定义

大型活动是指一项有目的、有计划、有步骤地组织众多人参与的社会协调活动。从大型活动的定义中，我们不难得出其特点，首先有明确的活动目的，大型活动耗时耗力耗材，因此对于一场大型活动的投入是巨大的，必然要有明确且价值高的活动目的或者由头，才能值得如此投入。再者，大型活动的举办必定少不了前期筹划工作，因此制订活动具体的计划自然是少不了的准备工作，这直接关乎大型活动的效果。最后，大型活动整体质量较高，影响力较大。

二、大型活动报道的特点

（一）报道要突出活动主题

大型活动的记录和报道往往对于活动主题的呈现和活动细节的展现有着较为重要的引导作用。因此大型活动的现场报道需要记者对现场有足够的掌控力，除了通过现场有限的条件进行报道，还可以从某一角度出发进行报道，反映或升华报道的主题和核心。如记者蒋林在2019年国庆70周年的现场报道中就将国庆节主题表演的灯牌和我国与日俱增的科技创造能力进行融合，同时契合国庆节每一个中国人"骄傲"的主题情绪与氛围，完成了一场精彩的现场报道。

【案例15】主题表演区：高科技打造一幅幅动感画卷

播出时间：2019年10月01日

播出平台：央视综合频道

出镜记者：蒋林

视频文案：

主持人：主题表演是连环表演的核心呈现，也是重要的亮点和创新之处。今天晚上，主题表演区将以国旗为核心元素，借助高科技的力量，展现出动感十足的画面。今晚这里将会以怎样的方式精彩亮相？我们马上就来连线正在主题表演区的中央广播电视总台的记者蒋林。蒋林，你好，给我们带来你那里的情况。

蒋林：好的，春燕。我现在就在你所说到的天安门广场的最核心的位置。距离我可能也就二十米的位置，就是金水桥，远处是天安门。我想先从今天上午的一段小小的感触来开始今天的直播。今天早上阅兵前的直播结束后，我有幸拿到了一张请柬，坐到了广场南面的观礼台当中的记者区41排的位置上看完了整个的阅兵仪式和群众游行。我所坐的这个区域在庆典结束后，为了保证大家安全，逐步退场，现场基本上是以三到四排为一组退场，所以当我从41排走下看台的时候，比第一排的朋友们大概多等待了有25分钟的时间。但是就在我已经走到天安门广场边上的时候，我发现临时观礼台的第一排最前面的座席已经全部拆除完毕了。通过这样一个小小的细节，我要告诉大家，在今天中午的十二点三十分，当我们的群众游行环节结束之后，今天晚上我们就要把广场变成一个群众大联欢的场地，这个转场的过程是需要争分夺秒的。我记了一下时间，大概在今天下午的四点三十分的时候，所有的布置完成，现场焕然一新了。我们来看一看就在远处有六个大的吊臂吊取一个LED的投影墙，这是今天晚上将会和我们的核心表演区当中的这些表演者一起互动的，一个非常亮眼的表演项目。

然后我就要向大家隆重地介绍一下此时此刻在静默休息区当中我身后的这些小伙子了。我身后的这样一个主题表演区有3290位表演者，他们手里有3290面发光灯牌，我也要到了一个，这个应该算是一个替换的灯牌，我给大家来介绍一下，实际上我们今天晚上也是一个科技含量非常高的表演项目。那么，这个灯牌是可以展开的，当它完全展开的时候宽度是80厘米，高度是85厘米，接近是一个正方形的样子。但我要告诉大家灯牌在这两三个月的时间里，这已经是它的大型技术改造之后的第三个产品了，现在这个灯牌我一只手就可以提起来，它的重量只有2.8公斤，而最开始它的重量则是达到了6.2公斤，重量大概减少了60%。重量的减少可以让我们的表演者能够更好地去完成动作。

比如说当他们把灯牌打开高高举过头顶，当3290个灯牌连成一片的时候，我们从空中去看，这是一个有近万平方米大的空中LED电视。所以，今天晚上当我们通过空中的视角去看这样的画面的时候，能不震撼吗！另外，这个灯牌的奥秘，我再把它转过来给大家看一看。在它身后会有电池和信号接收器，另外还有两个隐藏道具的小管子，有一些道具藏在里面，这儿还有一个小的按钮，我们可以随时重启。

在这个表演过程中，我们要保证这3290个表演者是一个整体。而我们和研发的企业去交流了一下，他们告诉我这样一个有趣的故事。最开始张艺谋和甲丁导演给他们提出这样的一个要求，配合八分钟的节目，他们当时做出的一个产品导演为之眼见一亮，于是他们不断地被增加戏份。今天晚上他们将会完成18段曲目，而我们核心表演区几乎所有的表演都需要他们来参加，时而举过头顶变成一个巨大的电视，时而放在地上变成一个灯光的背景，时而他们会流动跑起来。而这些光影在每一块板子上都有不一样的变化，流动的画面又会让他们成为一片灯光的背景。

现在我们的耳机当中，大家可能听到广场上已经开始为今天晚上的演出进行音响的调试工作了。在我这段直播的背后，我想再说一说灯牌。现在我们中国已经有了非常强大的国力，我们拥有了中国制造、中国创造。我们的经济实力在不断提升的同时，我们的科技创造也在不断地提升。而与此同时，我们的导演，比如说今天晚上两位重量级的总导演，他们在我们的科技支撑之下，也放飞了许多他们之前不敢实现的梦想。因此在过去的几个月的时间里，使我们的科技能力和中国现有的文化软实力彼此互动、彼此碰撞、彼此督促，才有了我们今天晚上所见到的这样一个非常盛大的演出。

最后我想告诉大家一个小的事例，就会让大家觉得其实国庆这一天，骄傲是我们心中的主旋律，我们的科技企业在做灯牌的这三个月时间里，技术革新的同时，还顺便申请了五个国家专利。想要告诉大家的就是，当我们拥有足够的科技实力去支撑的时候，我相信今天晚上一定能够呈现出大家之前从未见过的演出。以上就是我从核心表演区为大家带来的现场直播的报道，让我们一起期待今晚的盛大表演。

（二）报道现场可以预先设计

和我们之前提到过的重大媒介事件的现场报道在这一点上相同，大型活动的现场报道往往前期准备时间相对充足。有些活动记者可以在正式报道之前，提前进入报道现场熟悉场景和设施、规划报道顺序或道具、与摄影师提前定好报道镜头以及路径等。因此，大型活动的现场报道往往是经过比较精细的打磨和前期的准备工作的。

（三）报道系列化

不难发现，目前我们很多大型活动的报道都已经形成了更加规范、成体系的系列报道纪录片，对这一活动的重要时刻有了更完整细致的回忆记录，也从中看到每一周期对这一事件的报道变化等，如进博会、两会、春晚、春运等题材都是这类周期性活动报道的重点。

三、传统媒体时代大型活动报道的特征

（一）以活动为报道载体，以小见大

大型活动报道是社会热点和群众关注的焦点，将其做精、做优，无疑能取得更好的传播效果。以活动本身为载体，挖掘新闻事实背后的内容，就能增强新闻报道的深度。澎湃新闻推出的"回家——2017春运直播周"特别直播报道，用镜头记录10个家庭的不同回家路。报道通过直播的形式使人物形象立体化呈现，提升了用户的感官体验。同时，回家路直播以温情为主调，展现时代背景下不同群体的回家故事，也折射出改革开放以来中国城镇化的历程，报道以小见大，具有时代特点。[①]

---

① 王丹. 2017春运新媒体报道亮点与创新扫描［J］. 中国记者，2017（02）：38-39.

（二）报道过程中主动告知的意识强烈

于当下新媒体时代对大型活动的现场报道来说，传统媒体时代对于大型活动的报道的传者意识较强，大多还是以主动告知的姿态来对活动的重点进行呈现，且记者的报道角色也比较端庄，容易有距离感。新媒体时代的现场报道对于从普通大众的视角进行体验和感知的意识更强，真正将用户思维植入报道过程中。报道从点滴小事中发现乐趣，捕捉好奇，反映活动主题，从而将大型活动和自身的关联紧密相连，使大众对大型活动的了解渐入佳境。

四、媒介融合时代大型活动报道的特征

（一）报道形式：vlog人格化传播

Vlog的视频报道形式意味着记者化身为vlogger，以第一人称视角记录分享，用"我叙述"的方式分享体验，以感受性的信息提高受众的沉浸感和代入感，在情感上与用户产生共鸣。《香港文汇报》记者凯雷曾从个人采访经历中介绍两会：作为从业多年的资深记者，凯雷的vlog多提及其过去的采访细节，用生动性与趣味性兼具的采访故事，吸引受众注意力。如其vlog提到自己参加福建省省长发布会的经历，进而介绍"两会点名官独家秘籍"；讲述自己在饮水机前采访部长的经历，进而普及两会茶杯变迁。使"记者"这一职业角色更具贴近性，对于打造个人IP，和记者的个性化报道有着推动作用。同时vlog这一形式契合了当下年轻人的视频喜好，更能够吸引年轻的受众对于报道的关注。

（二）报道中情绪的流露更加明显

传统记者出镜报道采用的是介绍式的叙事方式，相对比较正式。在当下，报道过程中记者既要向受众传递新闻事件的总体信息，也要根据不同的事件题材、报道环境给出相应的情绪反映，以拉近与观众的距离感，增强报道的真实感。

（三）报道形式多样化

在媒介融合时代，得益于新技术的支撑，我们的大型活动的现场报道

的形式呈现出多样化态势。例如在2020年十一国庆期间，央视新闻新媒体推出大型主题报道《坐着高铁看中国》，通过八天八条高铁主干线、多位专业出镜记者的现场直播，全景式展示"十三五"规划成就和我国壮美风景。记者在高铁上进行全程移动直播，不仅和高铁乘客及时进行互动，还通过对高铁上 5G 智慧 AI 电台播出内容的详细介绍让屏幕前的观众有了一种可听可视、身临其境的在场感与沉浸感。

第四节　体育赛事的现场报道

体育赛事的报道在我国一直有着强大的受众群体，无论是奥运会、亚运会、全运会等大型综合赛事，抑或是世界杯足球赛、世界级单项锦标赛、美国NBA等世界性赛事的报道都吸引着观众的眼球。不仅如此，随着我国体育文化建设进程的加快、我国体育实力的不断提高，以及近年来举办的多场体育赛事，都对体育赛事的现场报道提出了更高要求。因此，通过梳理传统媒体时代与融媒体时代我国主流媒体在体育赛事的现场报道表现，能够对我国体育赛事报道历程有更清晰的认知。

一、体育赛事的定义

体育赛事的英文称谓为Sporting Events，是以提供体育竞赛为核心产品及相关服务的一种特殊活动。也有人翻译为体育节事，为了突出强调其仪式和典礼的意味。[①]因此，体育赛事作为一种节事，具有举办的周期性、表现的仪式性以及管理的复杂性、举办过程规范性等特点。

二、体育赛事报道的特征

（一）现场感染力强

由于竞技体育对抗性强，现场过程一般比较激烈，对于观众有着极强

---

① 易剑东.大型赛事报道与媒体运行［M］.杭州：浙江大学出版社，2008：9.

的感染力和煽动性，这也正是竞技体育的魅力之一。体育赛事的记者身处现场就需要将现场的热情和比赛的真实情景报道展现给观众，报道的情感来自记者的激情，记者要不断调动观众情绪，从而使观众有身临其境的现场感。

（二）对报道时效性要求高

这里说的时效性不仅仅是对第一时间将报道内容发出的时间要求，也同样指的是记者要注意对一些比赛重要时间节点的报道记录。比如在运动员的"摘金时刻"前，以颁奖仪式为时空背景的现场串词是最佳出镜时机之一，因为此时气氛达到了最高潮，记者在这个时候进行现场报道能够最大程度上激发观众的自豪感和荣誉感。也正是有了这类激动人心的重要时刻的衬托，让记者能够把握报道的最佳时机，将体育赛事的感染力发挥到极致。

三、传统媒体时代体育报道特点

（一）报道形式：电视直播+单边注入点

在1997年的八运会报道时，我国首次采用单边注入点的报道手法。所谓单边注入点，就是一种现场实时的采访手段。记者以新闻现场做报道点，通过电子媒介和光纤或微波做直播报道的一种现代电视节目制作方式。这种新的报道方式不仅将体育比赛和电视报道全方位地呈现在观众面前，而且使信息的生成、采集、传播和接受同步进行，最大限度地缩小了赛场、运动员、记者和观众间的时空距离。[①]到了2004年雅典奥运会，这一形式与电视直播相结合得到了大量使用，这种报道形式的优点在于，不仅能够第一时间观看运动员们激动人心的比赛过程，设置单边注入点后，现场记者在运动员比赛结束后能够第一时间对其进行采访，他们在这时候的反应都是最真实、最直接的，还使得观众能够更加了解运动员此时的状

---

① 张兴. "单边注入点"：一种新型的体育报道形式——八运会电视报道断想［J］. 电视研究，1997（12）：10-12.

态。比如通过注入点对张怡宁的采访，我们知道乒乓球女单决赛前，朝鲜运动员金香美的手因为紧张变得冰凉，而这次握手也让张怡宁信心倍增；同样是在注入点，我们听到了男子举重69公斤级冠军张国政"有我老婆，我的伤就好了八成"的率真之言。[①]由此不难看出，单边注入点的设置和电视直播的结合，不仅弥补了单一赛事直播的不足，提高了体育现场报道的可看性和丰富性，还拉近了观众和运动员们的心理距离，使得观众对运动员们的个人形象的认识更加立体生动。

（二）报道向满足不同观众需求靠近

早在2004年，雅典奥运会就已经出现了特约记者与前奥运冠军共同报道的节目类型。在中央电视台的节目中，王涛、吉新鹏、刘进等六位前运冠军，一直在前方同专项记者一道采访、评论和解说。这一类型的报道能够满足专业赛事爱好者的需求，使得体育赛事报道不再只是"外行人看热闹"，也能够通过记者和顶级运动员深入浅出地将专业性体育赛事的知识讲解给观众，同时以运动员的视角提问更能进行专业的、深入的报道，这对于报道质量的保证和对于某些专业体育迷们需求的满足都是新的契机。

四、媒介融合时代体育赛事报道的特征

（一）传播策略：大小屏联动，多平台分发

融媒体时代，传播渠道多元化。在2022年北京冬奥会的现场报道中，主流媒体通过小屏预热、大屏播放、多平台分发的策略，使现场报道不仅成了移动端的爆款，也吸引了一部分观众转向大屏观看完整的比赛直播，对用户的注意力形成了闭环。

在冬奥会开幕式开始之前，记者在小屏联合平台进行1小时网络直播。从场外到场内，不停转换时空、更新内容输出，还分别与大屏的体育频道《体育世界》、珠江频道《珠江新闻眼》、新闻频道《今日焦点》等栏目

---

① 肖运长，赵迎霞，孙永雷. 从雅典奥运看体育电视报道新趋势［J］. 新闻前哨，2004（10）：26-27.

进行实时连线，同时录制记者现场观感与总结，在微博、视频号、抖音端进行分发。

在东京奥运会开幕后第一个比赛日，00后小将杨倩射落备受期待的东京奥运首金。记者在颁奖现场第一时间和后方小屏联合平台进行连线，向观众传递首金意义和喜悦。随后邀请中国射击队负责人与大屏《奥运进行时》直播连线，最后还在运动员休息区拍到独家素材——《杨倩受领导表扬也很淡定》。该短视频在微博端阅读量高达458万，被多位大V转载，抖音阅读量达164万，点赞3.3万。[①]

（二）赛事报道碎片化

由于大众注意力碎片化，很多时候难以看完全程比赛，因此，需要对比赛过程中的转折点或表现突出的运动员、比赛中得分镜头、结果等大家普遍关注且容易成为热点的新闻进行剪辑，并投放在短视频平台上进行传播。这类体育赛事的报道就需要记者对热点有敏锐的捕捉能力，才能取得更理想的传播效果。

（三）报道周期更长

一直以来，对于体育赛事的报道在正式比赛之前就会进行预热，但这个趋势在媒介融合时代更加明显。比如在2021年举行的东京奥运会，在2020年12月就有了记者对日本奥运会准备情况的现场报道。

【案例16】全球抗疫进行时：奥运五环标志重返东京湾 显示日本明年如期举办夏季奥运会决心

播出时间：2020年12月3日

播出平台：央视财经频道

记者：关丽丽

视频文案：

主持人：再来看日本方面，2号，日本政府召开了东京奥运会疫情对策

---

① 陈思敏.电视媒体在重大体育赛事中的报道策略［J］.南方传媒研究，2021（05）：92-95.

协调会议，汇总了包括检测、出入境以及防疫措施的终极方案，此外还确定了到明年7月奥运会开幕前的主要日程。就相关话题，我们马上连线正在东京的财经频道特约记者关丽丽。丽丽，你好，请为我们介绍一下你了解到的最新情况。

记者：我所在的位置是在东京的台场，这里是东京奥运会铁人三项等比赛的场地。在我身后的东京湾上，大家可以看到是竖立着一个巨大的奥运五环标志。就在前天，这个标志在经过维修之后，时隔近四个月重新归位。为了方便大家从多个角度都能观赏，它的背面这次也涂上了五环的颜色。我们刚刚采访这里经过的民众时有人就表示，在奥运决定延期之后，这个标志一度曾经成为他们对于奥运会的一种寄托。更有人说奥运五环标志烘托了奥运会的氛围，也再度显示了日本决心办奥运的这个愿望。那么就在昨天，奥运防疫终极方案也新鲜出炉了。确定了在奥运村需要佩戴口罩避免"三密"的核心方针。那什么是"三密"呢？就是指空间密闭、人员密集、密切接触。在此基础上关于一万多名运动员的检测问题我们了解到，除了在抵达之前入境时的常规检测，在进入训练场地、奥运村以及参加比赛之前都需要检测，所以加起来至少要有五次。那么此外选手在奥运村期间原则上每九十六到一百二十小时也就是四到五天一次的频率要接受定期检测。而对于大家关心的游客入境问题呢，日本是希望能够大规模接纳并且兼顾防疫和移动自由的。总结起来是打算实施"三个不"和"两个要"。"三个不"是指不将接种疫苗视为入境条件，入境之后不需要隔离两周，也不限制乘坐公共交通。其中，关于是否隔离和能否乘坐公交将于明年春天做最终决定。而从现在来看，到时游客需要提交病毒检测阴性证明，需要使用指定的手机应用App。今天距离奥运会的开幕还有二百三十二天。奥运延期带来两千亿日元的追加费用，以及大约一千亿日元的防疫费用，共计约三千亿日元。那本月上旬，东京奥组委、东京都和日本政府三方将决定各自的负担比例，而另一方面，近期日本疫情仍然在持续蔓延，能否有效控制住疫情，也将成为奥运如期举办的关键。那么东京奥运会很可能成为疫情发生之后首个全球大型活动，我们也拭目以待。

以上就是来自东京台场的观察，张静。

　　主持人：好的，谢谢丽丽从日本发回的报道。

　　（四）新兴技术为新闻报道提供更多可能性

　　正是由于目前新技术的发展和媒介的深度融合，也对现场报道的形态多样化提供了基础，而且可以通过技术的驱动，使得内容的分发更加多样化，实现内容产品从可看、可听到可分享、可互动、可感受发展，不断丰富受众的收视体验，通过提高受众的参与性不断增强受众黏性。2020年武汉军运会最为精彩的是央视在对开闭幕式、田径和海军五项等军事特色项目进行4K超高清制作和播出。游泳项目还进行了 8K 延时性拍摄，让观众接收到更加直接、更加立体的信息。同时在 4K 节目制作和传输、VR 拍摄和传输、新媒体采集和传输等方面，还借助 5G 网络资源，增强对军运会新媒体各平台的报道支撑。[①]由此，技术对提高本次报道的丰富性和专业性有着巨大推动作用。

　　（五）报道策划：多点集合式报道

　　我国体育报道经历了从忠实记录到出现了三段论式的报道方式，即"演播室评论 +现场转播 + 演播室评论"，再到综合式报道。报道内容不再只围绕具体赛事或者运动员这种单一重心来进行现场报道。围绕这一核心的诸多其他外围要素是在当下的体育赛事报道中发力的新突破口，这些要素是这一核心不可缺少的几个重要支撑点。正是由于这些支撑点的存在，才稳定地托举起一个更加厚重、更加有观赏性的赛事转播。[②]

　　【案例17】第24届冬季奥林匹克运动会开幕式特别节目
　　播出时间：2022年2月4日
　　播出平台：央视新闻频道

①　靳琳. 媒介融合背景下体育媒介事件报道策略研究——以央视报道武汉军运会为例［J］. 今传媒，2020，28（07）：103-106.

②　黄黎新. 体育赛事电视现场报道包装策划研究［J］. 电视研究，2016（10）：70-72.

记者：许梦哲

视频文案：

主持人：北京冬奥会开幕式上，奥运五环升起和火炬点燃等仪式的环节空灵又浪漫，春叶有没有好奇啊，这些环节到底是怎么样完成的？特别好奇，看的时候就觉得特别超现实，特别魔幻啊，仿佛那个冰五环就是横空出世，变魔术变出来的。那究竟是怎么来的呢？我们继续来看总台记者的独家节目。

记者：正在滑缓上升的这个装置，工作人员叫它冰立方，它在开幕式上承担了一个非常重要的仪式展示环节，因为我们的奥运五环就藏在这块儿冰里边。其实最开始我们的设计是雕刻五环的时候，这个装置会抛出实物的冰块，但是最后为什么是以地坪和灯光效果来综合展示这种模拟的呢？我们得听技术人员解密。

技术人员：最早是抛出模拟冰块，我们周边设计了六个舱门，就是前面四个侧面的两个。用塑料做成了一个模拟冰块抛出去。

记者：那其实我觉得如果能实现，是不是也挺好？

技术人员：不，不好弄，那抛出去的东西效果不好。

记者：有抛过吗？

技术人员：抛过，抛过感觉最上面那个缝就有点难看了。

记者：太假了是吧。

技术人员：对，太假了，就有点破相的感觉。

画外音：开幕式上五环缓缓升起的环节将现场气氛推向高潮，但在最初的设计中导演团队曾经提出将外部光源投射在五环上，使其呈现出流光溢彩的效果，但通过多次尝试，效果并不理想，最终技术团队提出了五环自发光的改进型方案。

技术人员：灯板设计里头，一个是我们先采取的就是led全色灯板，柔性灯板，第二个就是要考虑好外罩，这外罩实际上是一个很好的一个滤波器。使这个就是两个颜色匹配起来，那么里头的每个灯板的应该说在三基色的条件下呢，要它编成一个不同亮度不同的感觉，最后再通过滤色，这才形成这种冰的感觉。

画外音：美的问题解决了，在有风的情况下，如何保持威亚起吊五环的稳定性又成了新的问题。通过多次仿真计算和实地测试，开幕式上的五环能在六级大风中保持结构稳定，而且尽可能地保留了轻盈空灵的感觉。

记者：正在下降的装置就是开幕式上另外一个核心装置，工作人员叫它"雪花台"，那么它在开幕式上一共出现了两次，第一次是作为景观展示，第二次是作为重要的火炬装置。那么一个小小的火炬，它自身的续航能力是有限的，怎么才能做到持续稳定地燃烧呢？其实这个答案啊，也正在这朵雪花里面。

画外音：最开始的设计方案是直接将气瓶藏在五朵花瓣里，但考虑到气瓶的更换难度大，可靠性有限，技术团队又将主意打到了天上。我们叫这个控制装置，或者也是个威亚，它上面有十几个电极组成的一个钢索的起吊系统，还有气物的释放系统，还有电缆的释放系统、卷放系统，所以气路在上面。

画外音：雪花台装置、火炬装置、冰立方装置、起吊装置，开幕式上精彩绝伦的仪式功能展现，要求它们精准协同。但实际上，这种精准协同在智能化调度系统的基础上还需要人工展开手动微调。

技术人员：我们这个地面舞台系统，它这个跟别的舞台系统不一样，它需要跟灯光、音响，还有大量的led的这个显示装置去共同耦合来进行作用，所以需要根据导演的口令，跟着整个的演出的节奏去进行十秒级或者说秒级的调整。基于这个原因，所以我们在操作的时候还是保留了一部分人手的这个操作功能。

画外音：在一个半小时的开幕式活动上，需要近百个指挥口令来完成。但这对于习惯航天发射场使用模式和工作特点的航天人来说并不是难事。在与导演团队经过30多天的磨合后，技术人员已经能够熟练完成开幕式的全部操作流程。

技术人员：这一位是地面舞台系统的指挥人员，他负责跟导演之间进行刚才说的口令的交互。什么时候做什么精细化的动作，他的口令会准确下达给我们的操作手，然后他再进行操作。然后在这过程中，我们实际上分布动作的自动化程序已经全部封装在电脑里面了，接到导演的口令之后，只需要按两个键，马上系统就会运行了。所以说是能够满足演出精准的要求的。

现场声音：你方上升十秒准备。五、四、三、二、一，起。

画外音：黄河奔腾，冰立方耸立，奥林匹克五环缓缓升起，观众们山呼海啸般的喝彩直冲云霄。北京冬奥会开幕式用天马行空的艺术想象探索浩瀚宇宙的智慧，十余个月的技术保障实施，向世界人民展现了中国人的待客之道。

除此之外，央视网推出"时政Vlog""志愿者Vlog""VR Vlog""记者Vlog"等系列视频博客作品在哔哩哔哩、微博、YouTube等新媒体平台播放。其中，"央视新闻"2021年12月21日在B站平台发布的《【王冰冰滑雪Vlog】挑战8岁萌娃到拜师学艺，只用了两分钟》，很快就获得了135万多播放量、4700多条弹幕以及3100多条评论。足以见得我国主流媒体在如今媒介融合时代下不仅积极实现全平台播放的传播矩阵，还通过vlog的新形式对冬奥会主题的许多副主题进行多点的现场报道，受到了观众们的一致好评。

通过对重特大事件、公共卫生事件、大型活动以及体育赛事的现场报道的特点的总结，以及对比梳理它们在传统媒体时代和当今媒介融合时代的报道特征，见证了它们的发展历程以及未来的发展趋势和方向，为将来的现场报道提供了丰富经验和引导的方向。我们也期待在未来，现场报道仍随着媒介环境的发展不断绽放出新的生机与活力。

第四章　媒介融合时代出镜报道的语言特征解析

　　语言是人类所发明的历史久远且大规模使用的符号系统。学者刘松青曾说，"语言不仅是将人类从自然中分离和超拔出来的一种驱动性力量，也是确立人的主体性地位的一种决定性因素"。由此可见，语言是我们作为人的显著特征之一，语言作为原料构成了我们的自我意识。如黑格尔所说，"语言是逻辑的本能"，借由语言，我们逐步建立起与世界的联系，语言也为我们认知更加复杂的事物创造可能。同样，语言的纽带使我们进入了符号网络之中。经过语言的洗礼，我们从动物意义上的人转变为社会意义上的人。作为出镜报道的执行者、出镜报道中使用语言的主体，出镜记者的语言特征展现出鲜明的时代性，并成为不同时期社会意义建构的重要组成部分，在不同时期都发挥着自身特有的作用。

一、出镜记者的有声语言解析

（一）媒介融合时代有声语言表达的特点

　　出镜报道本质上是新闻生产过程中的一环。正如大众传播的定义所说，大众传播的过程往往是专业的媒介组织通过先进的媒介技术进行大规模的信息生产，面对一般社会大众进行广泛传播。出镜记者所面临的情况通常具有突发性和不可预测性等特点，出镜记者的语言也会由于事件、场景、语境等不同因素存在着即兴的部分。出镜报道的这一特征在时代的变迁中不断发展而来。学者刘言明在《浅析中国出镜记者现场报道发展历程》一文中将中国出镜记者现场报道的发展过程总结为萌芽、探索、成长和壮大四个阶段，对应时间分别为，1978年—1988年、1988年—20世纪末、21世纪初—2008年、2008年—2018年。曾祥敏在《改革开放四十年电视主题报道的变革与创新》中以1998年、2008年和2018年三个时间点将报道理念分为了从以宣扬经济建设成就为主、围绕科学发展观和以人为本到关注经济高质量发展创新三个阶段。我们以时间为线索，结合实际报道，围绕特定社会历史背景，对比媒介融合前后出镜记者在报道中的表现，梳理媒介融合时代有声语言表达的特点。

1. 临场感

无论是电视和报纸还是手机和电脑，临场感能够将观众在心理上更好地带入新闻事件中。临场感能够帮助观众更好地了解事物全貌，也有利于媒介组织有效引导舆论。临场感是身临其境、感同身受，是"仿佛我也在那里"。新闻报道是媒体对于事实的选择性呈现，同样，新闻媒体也构建了我们在观看新闻内容时的感受。想要向观众呈现以临场感，摄像师与出镜记者需要身临一线进行报道，与此同时，记者的语言、神态和动作也是构建和传递临场感的重要元素。

改革开放初期至20世纪80年代末期，是我国出镜报道的萌芽和探索时期。在这个时期，国外出镜记者的报道形式和报道内容已经趋于成熟。受制于国内技术条件和时代背景的影响，中国的出镜记者报道事业才刚刚起步，这个时候电视新闻的出镜记者大多出现在重大事件的现场。这里以1985年中国第一条火灾现场电视新闻报道——《谁从爆炸危险中拯救了上海人民？》为例，分析早期的电视新闻是如何营造临场感的。

【案例1】谁在爆炸危险中拯救了上海人民？

播出时间：1985年

播出平台：上海电视台

视频来源：bilibili

视频文案：

记者：今天下午1点钟左右，上海造漆厂发生重大火灾，现在我们在火灾现场向大家播报新闻。

大火迅速蔓延，上海消防处接到火警报告后，紧急调动了15个消防队、28辆各类消防车赶赴火灾现场，参战的消防队员在该场工人、干部的配合下奋勇扑救大火。大火一边在燃烧，一边不时发出爆炸声。但是勇敢的救火大军没有一个人后退，他们冒着生命危险，抢占一个个有利地形，用泡沫灭火枪和高压水龙组成一道道强有力的屏障，终于在一点五十分把大火控制住了。与此同时，数百名公安干警和造漆厂工人迅速组织起一支抢险队伍，他们泡在滚烫的水中，奋力把车间里的氧气瓶、油漆等易燃易爆物品抢运出来。在短短一个小时的时间里，他们就把40吨油漆全部安全转移出来。下午两点三十分，熊熊大火终于被扑灭了。

虽然消漆车间900平方米的厂房设备全部被烧毁，但是由于救火大军的奋勇扑救，消漆车间南部的溶剂车间被安全保住，从而避免了一场恶性大事故的发生。关于这场火灾的有关情况，本台将在明天的新闻节目中继续向您报道。

从视频我们可以看到，记者在画面中戴着安全头盔，身穿白色衬衫。仔细聆听记者的语气，我们可以发现他非常恐慌。记者背后的厂房被浓烟笼罩，周围环境十分嘈杂。记者在镜头前虽然只交代了时间和地点等相对简略的信息，但由于他的在场，观众能够将自己的想象投注到记者所在的时空。在这样的一个特定的时空里，记者所展现出的形象不再是大众眼中一贯冷静严肃的形象，观众们看到了记者在面对灾难时自身情绪的流露。在这里，记者的不安成了民众的不安；记者面对危险时的恐惧情绪能够激起观众的共鸣，从而增强报道的临场感。

在报道中我们可以发现，记者的语气焦急且沉重。这样的语气是由于记者亲临火灾现场所展现出的真实反应，也是记者在重大事故面前应当遵守的行为准则。记者在解释事件的同时应当发挥主观能动性，致力于维护舆论稳定、减少民众恐慌。

在这起火灾事故中，大部分民众显然不了解有关化学物品起火的相关知识，记者在报道中无意间营造的临场感在一定程度上会造成民众的恐慌。媒体作为此类独家新闻的信源可信度较高，这样的报道可能会加剧民众的不安感。在随后的报道中，记者在画外音中使用了"勇敢""强有力的屏障""奋勇扑救"等诉诸感性的描述，在一定程度上回应了观众的情感诉求，起到了减少恐慌、稳定舆论的作用。

在20世纪80年代，随着改革开放的起步和各项技术的突破，中国的电视普及率有了较大幅度的提高。1983年春节，中央电视台正式播出《春节联欢晚会》，自此，年三十儿看春晚成为华夏大地上一项新的民俗。中国的电视机产量也随之开始爆炸性增长，"看电视"逐渐成为中国百姓获取社会信息的主要手段。面对复杂且富有争议的事件时，记者在镜头前的表现很大程度上能够影响观众对于事件的判断。因此，出镜记者应当利用语言进行适当的引导。例如在今天也被大众所津津乐道的这则新闻：在2016年陕西朱雀体育场，国足输掉了世界杯晋级赛，记者在愤怒的球迷之中报道着这则消息，并采访围在身边的球迷。

【案例2】

播出时间：

播出平台：乐视体育

视频来源：bilibili

出镜记者：巢怡雯

视频文案：

记者：而现在和我一起等待国足出来的，还有我身后这一圈的球迷，大家都在等待国足出来。国足的比赛是已经结束了，虽然很遗憾，没有取得让大家都满意的结果，但是我们的球迷在朱雀体育场的现场，不离不弃地陪伴着国足走到了最后一秒。

球迷：对得起我们吗？

记者：现场的球迷情绪是非常激动的，而此时此刻我们每个人心里面的感情五味杂陈，很难用言语去表述。但是我还是想问大家几个问题，我想问问看，你们对今天这样的结果感到失望吗？

球迷：什么战术都没有，太失望了。

记者：千言万语不过一句中国队加油，尽管今天的结果没有办法让所有人都满意，此时此刻球迷心里面可能有抱怨、有失望，但是我相信这只是他们一时之间的愤怒。在剩下的时间里，国足还有七场比赛，而他们也会继续支持中国队，因为中国队需要他们的支持。

在这样较为混乱的场合之下，我们往往能够感受到一种语言的匮乏。在报道现场发生了太多的事件，语言往往不能在第一时间对某一事件做出恰当的描述。面对国足失利的现实，记者仍然在为国足加油鼓劲，这一做法为失败的事实赋予一种积极的意义。记者是媒介机构的代言人，是观点的传声筒。记者并不是无法对事件进行评论，而是记者所处的角色无法对事件进行评论。在这样混乱的局面中，观众们发现，记者作为媒介机构的代言人的那个主体消失不见，而作为一个同样面对事件的普通人的那一面毫无保留地呈现在了镜头前。这样的临场感往往能够给大众带来一系列的共鸣，观众们看到的不仅仅是一个新闻记者，同样他们看到了一个"手足无措的年轻人"。

与事故情境下出镜记者的报道方式不同，在媒介融合的背景下，记者们使用更多具有生活化和口语化特征的语言表达方式，近年来，新媒体平台上出现的众多的vlog式报道就是这一现象的有力佐证。这样处于传统职业记者的语言规范之外的主体性的展示情景变得更多，出镜记者们也开始有意识地进行这种展示。出镜记者逐渐从媒介机构的发言人这一角色中脱离出来，他们开始不再选择呈现完美的形象，他们从程式化的语言中解放出自己作为普通人的部分。使观众重新拾起了对于接近事件的兴趣。在这里我们以央视记者王冰冰在2021年参与的一系列体验式报道为例。

【案例3】【王冰冰滑雪Vlog】挑战8岁萌娃到拜师学艺，只用了两分钟

播出时间：2021年12月21日

播出平台：央视新闻

视频来源：bilibili

出镜记者：王冰冰

视频文案：

记者：哈喽大家好，看看我在哪，今天来雪场了！今天的任务不光是要学习单板滑雪，而且我还找了一个对手，我要去和她较量一下。

记者：其实单板滑雪最开始就是从滑板和水上冲浪项目演变过来的，所以现在单板滑雪又被称为是冬季的雪上冲浪。

记者：为什么喜欢滑雪呀？

小女孩：因为很酷，我从一岁就在雪上玩。

记者：你今年多大？

小女孩：八岁。

记者：八岁，接触雪上已经七年了，我可能把她定为挑战对手有一点草率了，要不你教教我点什么吧。

记者：我的天呀，太虐我了，你刚才看我滑得咋样？

小女孩：挺好的。

记者：你确定吗，你可以说真心话。

小女孩：真的很好。我教你板尾平衡，先这样，然后这样。

记者：哇，这种动作平常我们普通滑雪的人可能用不上，但是在比赛的时候这种动作就属于非常基本的是吗？

小女孩：这样的话可以ollie飞。

记者：就是滑的时候跳起来，要这样是吗？

小女孩：就是胯要往后顶，前脚要往前这样跟。

记者：好难啊。

小女孩：开始！一二三，挑战成功！

记者：哎呦太不容易了……这个有什么用处啊？

小女孩：锻炼腿部的力量。

记者：为什么走了半天还在原地啊？

小女孩：因为你刚才没有动这个板子，你看，要动起来往前卡住。

记者：你为什么要学这么复杂的动作呀，之后是有什么目标吗？

小女孩：我的目标是参加奥运会。

记者：想参加奥运会呢，那期待八年以后的冬奥会上能看到你好不好。

小女孩：好。

记者：来，我们一起说一句，2022北京冬奥加油！

我们可以看到，节目中出现的语言内容既包括王冰冰对于滑雪运动较为正式的介绍，也有她和小朋友互动以及体验滑雪运动中二人互动的内容。这里我们可以看到很鲜明的层次，即记者在开始就交代出了时间、地点、人物、事件和原因这五个要素。有别于传统出镜记者一板一眼的报道，滑雪场是非正式的公共空间，记者与受访者的社交距离较为亲近。语言状态较为自然、平和，由于这里的受访者是小孩子，记者的语气也十分和蔼。整体上，记者的语调比较亲切自然。

亲切且松弛的语言状态往往也会给观众传达放松的信号。记者运用诸如"太虐我了""有点草率了"等网络流行语。这些网络流行语为深处社交媒体和流行文化之中的大众提供了一个具有接近性的语言环境，这个环境恰恰为媒介机构和社会大众提供了一个共同的意义空间。在这样的空间里，观众和媒介就有了产生互动行为的可能。这种可能性为整体报道提供了一种临场感，它提升了观众想要进行互动的意愿。在以王冰冰为代表的一众"体验式"记者爆火后，这些记者通过开设社交媒体账号和观众进行互动，在这个过程中，观众也切实拥有了对于媒介的接近性。

2. 逻辑性

新闻采访也可以看作是记者与采访对象之间的访问或者是沟通，新闻记者通过采访获取有价值的新闻信息。在"访问"与"沟通"的过程中，为了让采访对象能够明晰记者想要获取的采访要素，记者所应用的语言需要具有较强的逻辑性，与此同时，新闻记者也要围绕采访的主题进行逻辑性思考，所提出的问题也要具有逻辑性。[①]我们可以从中发现，记者的采访

---

① 丁文娟.新闻采访中的语言表达技巧应用研究［J］.采写编，2022（04）：91-93.

乃至报道行为具有较强的目的性，记者在实践中的目的是探寻事件真相或者得到有价值的采访信息。记者在报道过程中处在一种任务情境的状态之中，媒介机构委派记者赶往事件现场的过程类似于军事术语中的"任务式指挥"。"任务式指挥"是上级指挥员在布置任务的过程中，只规定任务目标和完成时限，但不限制完成任务的具体方式。上级指挥员鼓励下级在完成任务的过程中采取主动甚至冒险的举措，上级指挥员要谅解下属在完成任务过程中可能犯的错误，同时 必须提供明确的任务意图，并在确保下属行动自由的情况下进行控制的一种指挥模式。

我们可以由此引申出，出镜记者的逻辑性主要体现为报道的策略性。在这个情景之内，记者要回答的问题是，在何种情境下运用何种方法取得何种信息。对于新闻以及报道而言，客观性是其中的向导。为了实现新闻真实，我们可以看到不同时期出镜记者报道方式的发展和进步。我们这里首先将记者对1985年上海造漆厂火灾事件的报道与2010年上海"11·15"特大火灾现场记者报道进行对比，并将二者置于媒介融合时代的重大事故报道同侧，分析其中的发展脉络和报道策略。

【案例4】上海"11·15"特大火灾现场报道

播出时间：2010年11月15日

播出平台：上海电视台

视频来源：bilibili

出镜记者：宣克炅、吴海平、冷炜、周瑜

视频文案：

记者：多位被困的市民从大楼内被疏散出来，他们的头部包括其他的身体部位都有不同程度的灼伤，在现场也是不断地有火星窜下来。

受灾居民：我是从28楼下来的，有几个楼道里面烟雾特别特别大，根本没办法呼吸。

记者：你是自己走下来还是被救下来？

受灾居民：我是走到一半，消防队员背我下来的。

静安区中心医院：

医生：大多数病人都是窒息，病人的情绪相对比较稳定。

居民：窗户发烫了，玻璃窗都裂开了，我想给它降温还是不行。

居民：我看到火星在四面烧，在房间里烧死还不如跳楼死。

记者：您是从外面的十楼跳下来的？

居民：我就从阳台脚手架一点一点滑下来。

记者：现在我在常德路上，距离起火的大楼大概一公里左右，从我身后可以看到起火大楼的上半部分，虽然大火基本被控制，但是在一些窗户里面还是有零星的明火冒出来……

记者：到目前为止，静安区中心医院收治的五十二名伤员当中，遇难者还是八名，另外四十四名幸存伤员当中有一名是重症监护，其余四十三名伤员的伤势稳定，这些伤员主要伤势都是由于窒息灼伤引起的……

在这则案例中，"11·15"事件的报道层级被分为了火灾现场、医院、交警总队、新闻发布会现场和火灾结束后的居民楼内部几个部分。记者分别介绍了火灾现场的情况、受灾居民的安置工作、火灾处理的善后工作和火灾救援的难点等。在火灾现场的报道中既有对第一时间被救出的居民的采访，也有记者对整个现场情况的介绍。由于火势还在扩大，记者无法跟随消防员去楼内进行报道，因此记者选择了将话筒对准已经被救下来的居民。随后，记者跟随居民向医院转进，进一步采访受伤的居民。获救或逃生的居民是火灾事件的亲身经历者，毫无疑问，他们掌握了最多的火灾现场情况。与此同时，这些居民们刚刚从火场逃离，惊魂未定，通过记者的采访，能够将火灾现场的具体情况和居民的情感快速地传达给观众。围绕火灾带来的次生灾害问题，记者同样进行了后续报道。通过采访医生和一部分的轻伤居民，使观众进一步了解火灾对居民安全造成的影响。突发事故造成了一定程度上的交通拥堵，面对道路拥堵的现实问题，主持人又将镜头对准了交警总队负责人。面对由火灾造成的交通拥堵，交警总队负责人也给出了一系列的解决办法。在火情得到稳定之后，政府即刻召开新闻发布会向公众进一步地解释火灾发生的具体时间、火灾发生的原因等问题，进一步稳定公众的不安情绪。

我们可以发现，记者采访的策略是"跟着居民走"。无论是火灾现场、医院和城市街道，还是火灾过后的居民楼，我们都能够看见记者的身影。从记者的报道动向中我们能够看出，记者的报道主题始终围绕着居民的生活状态的变化。不仅关注火灾进展局势，也同样关注火灾所造成的次生影响。相比较1985年的火灾报道，本次报道中的记者并没有主动输出观点，而是将事实进行尽可能详尽地呈现，使观众能够从各个角度感受到火灾带来的影响。

我们可以感受到的是，不同位置记者的语速和语气都非常急促，尤其是在火灾刚刚发生时就到场的一线记者，在语气中透露出极度悲伤的情绪。在报道过程中，记者语言的条理十分清晰，围绕着新闻"5W"原则，通过尽可能短且简洁的语言叙述事件，以高度概括、凝练的语言介绍不同区域的现场情况，给观众以条理清晰的感觉。

我们再来看东方航空坠机事件现场的报道，记者来到坠机现场，手持摄像设备，以第一人称的视角对坠机现场进行报道，在语言上更加贴近一般大众的用语习惯。记者从坠机地点的边缘出发，沿着被搜救人员的标记，逐步走进坠机的核心区。

【案例5】记者在坠机事故核心区现场指挥部发回报道

播出时间：2022年3月22日

播出平台：新华社

视频来源：bilibili

出镜记者：汪奇文 吴思思

视频文案：

记者：这边被标记了一个"一"，可能是一号物证，可能是铝制品。我们随着镜头往前扫一下，前面已经被标注了很多数字，也就是说，很有可能这一路都是飞机的残骸。这个其实也印证了和我们昨天来的时候救援人员所说的。我们可以看到，散落在山间的白色的物体，几乎都是飞机残骸。

……

可以看到，下面有一个深坑，里面已经有积水了；其实梧州今天早上下了一点小雨，现在空气其实还很闷热，不排除有继续降雨的可能。大家可以看到，我们的工作人员正在紧锣密鼓地搜寻着，我们现在看到的大部分物证都是一些比较细小的残骸碎片。

……

东航空难发生以来，一直牵动着大家的心。目前我们收到的消息是，十名失事飞机乘客的家属正在赶往梧州，为了确保事故现场物资供应充足，梧州市交通运输局也召集了一百多名工作人员，确保帐篷、食物等紧缺物资第一时间运往事故现场。

在报道中，记者不但对现实情况进行了详细的解说，还根据已经看到的残骸等现场物品进行合理的推测，以大众的视角看待灾难。比如，记者通过观察土层上方植被烧毁痕迹来推断坠机时曾引发山火，通过观察某一深坑推断具体坠机地点等。由于报道地点在山区，情况十分复杂，记者无法将专业摄影设备带入现场，这就造成了画面的模糊、抖动等问题。记者的语言引导在这时就显得尤为重要，否则就会使观众感到迷惑，难以辨认重点。"我们可以看到""那么这就说明了""我们可以做出的推测是"等词语能起到提炼和总结的作用，有助于缩短观众的思考时间，使观众在复杂的现场画面中快速获得有价值的信息。融媒体时代，拍摄设备的小型化能够大大减少记者在赶往现场之前的准备时间。与此同时，正如麦克卢汉所提出"媒介即讯息"的观点，摄制工具的日常化也使记者的语音面貌向日常语气和熟人距离靠拢。

思路的有序性和逻辑性是一切成功写作的共同特征。新闻构思要综合运用社会知识、新闻写作知识与技巧，其思路的逻辑性有其特殊特点。构思新闻，既要符合人们由浅入深、由表及里、由此及彼地认识事物或事理的逻辑序列，又要符合读者阅读、接收新闻的心理特征。[①]在如今，出镜记者在很多场合下的角色并不仅仅是文本的传声筒。由于某些场合的特殊性，记者需要主动占据话语权，这样一来，语言的逻辑性就体现在对媒介驾驭事实、形塑新闻主题的过程中。大众传播媒介所传递的信息并非是完全客观的，新闻真实性的实践正如同真理的相对性与绝对性之间的辩证发展关系。在这其中，语言作为向导，对引导观众思考、稳定舆论都起到了至关重要的作用。

3. 多样化

随着近年来媒体融合的进一步深入，根据用户的使用习惯和平台内容差异等因素，不同媒介平台用户呈现出分众化和个性化的趋势。为了契合不同平台用户的特点，平台之间文本的语言风格也呈现出多样化的趋势。与此同时，记者也将个人风格融入平台中，如此，记者的报道能够更好地契合平台风格，达到自身预期的传播效果。在此我们着重来看新华社在b站、抖音和快手等媒介平台上是如何安排不同语言风格的记者来进行不同形式内容的输出的。

首先是b站。b站上的内容多以3分钟以上的长视频为主，适合一些介绍和科普类的视频，同时用户群体较为年轻化，平台氛围较为轻松，对于新鲜形式的报道类型接纳度较高。

【案例6】【王迪迩脱口秀】记者变身魔术师：解读"美国权威"

播出时间：2021年12月10日

播出平台：新华社

视频来源：bilibili

出镜记者：王迪迩

视频文案：

记者：

Appearances can be deceiving（外表并不那么可靠）

---

① 张庆胜. 论新闻报道的思路特征 [J] . 江西财经大学学报，2008（04）：100.

Over 200 years of fighting wars（200多年打仗不休）

A peace-loving nation is what you see（竟成了和平国度）

With the highest number covid confirmed cases and deaths（全球新冠确诊和死亡病例数第一）

A champion of the covid–19 resilience ranking is what you see（竟成了抗疫第一）

Muffling voices at home and abroad（不断压制国内外反对声音）

An authoritative media is what you see（竟成了权威媒体）

记者通过化妆音乐剧的形式，呈现了一则生动的新闻评论，即对所谓"美式民主"内核的拆解，旨在展示美国所宣扬的意识形态和做法的不一致，揭露了所谓"美式民主"的虚假性。

【案例7】"辣眼"记者许杨又来了，这次他在国家速滑馆体验了_____

播出时间：2021年11月8日

播出平台：新华社

视频来源：bilibili

出镜记者：许杨

视频文案：

记者：今天，我们来认识一块冰，不是这一块，是我身后的这一块。这不是一块普通的冰，这是国家速滑馆的冰。待到2022年北京冬奥会之时，各国冰雪健儿将在这块冰上纵横驰骋。不过今天，这里将先行举办一场别开生面的速滑比赛，而我们参赛的主角就是来自那美克星代表队的许老师本人。

首先，许老师信心满满地将爱车停在了停车场。紧接着，许老师迈着小短腿昂首挺胸地进入了场馆内部。他打开更衣室的门，怎么回事？原来许老师毕竟是个男的，进不了女运动员的更衣室，真是遗憾呢。这次，许老师进对了更衣室，并留下一个动人的微笑。看吧朋友们，这里就是国家速滑馆的更衣室内部。……工欲善其事必先利其器，许老师需要打磨一下自己的冰刀，他的专业冰刀呢？这个该不会是指甲刀吧。

最后，许老师通过运动员通道进入了比赛场地，整个国家速滑馆响起了雷鸣般的掌声和欢呼声。国家速滑馆俗称"冰丝带"，坐落在北京奥森公园，是北京冬奥会标志性场馆，也是唯一新建的冰上运动场馆。其实我们今天的主角就是冰丝带里的这块冰。这可不是普通的冰，它有三大特点，第一，运动最前沿科技制成的冰。

设计负责人：这个制冰技术应该叫"亚跨临界并行二氧化碳直接蒸发直冷制冰技术"。

记者：没错，就是这个，亚跨什么二氧化碳，什么制冰法，就是这个技术。我们熟悉的制冷剂比如丙烷易燃易爆炸，所以不行；比如氨，技术虽然可控，但刺激性气味强烈，还是不行。当然还有大名鼎鼎的氟利昂，但它不环保啊，不行三连。因此，"冰丝带"的制冷剂二氧化碳当仁不让。二氧化碳作为大气的组成成分之一，不会对臭氧层产生破坏，二氧化碳虽是温室气体，但温室效应远低于其他人工合成制冷剂。这一圈400米，整个面积约5500平方米的一大块冰就是靠二氧化碳来制冷的。

许杨是一位具有鲜明个人风格的记者，他通过搞怪式的解说，将冬奥会场馆内部的核心设施的技术细节以及运作原理通过极具个人特色的语言进行了详细且通俗易懂的科普。记者摒弃了晦涩难懂的技术性词汇，但又巧妙地解释了冬奥会场馆的种种技术特点和不同设施的用途。记者大量地使用诸如"不是普通的冰"等通俗易懂的词语，充分体现了记者语言的亲近感。记者的语言状态能够明显地展现出短视频平台所特有的娱乐化、风格化等特点，语言状态接近于和观众面对面交谈的状态。记者在报道中语速较快、吐字干净利索，在为观众带来娱乐的同时，清晰地介绍了冬奥场馆的各个细节。可以看到，媒介融合时代记者的有声语言在一定程度上受到媒介平台用户的媒介使用习惯影响，记者对于同一事件的报道方式变得更加多样化，记者的语言风格也呈现多样化的特点。这一点恰恰也是观众所喜闻乐见的，观众期待着语言灵活且具有鲜明语言风格的记者。

我们在评论中看到了良好的反馈，如观众在评论区留下了对于记者的昵称"李光正"，称呼新华社为"鲜花社"等"自造梗"。这表明观众对于节目内容的接受度较好，记者的语言风格和在语言之上构建起的节目形式受到了观众的喜爱。评论、点赞是融媒体平台的显著特征，是媒体在平台上最直接的反馈渠道，也是媒介内容受欢迎程度最鲜明的指标。媒体会通过捕捉这些内容来判断节目的受欢迎程度，并对节目进行及时且适当的修改。这是一个用户及时反馈、媒体及时聆听的相互作用过程。

2021年5月15日，随着中国发射的探测器"天问一号"成功着陆火星，新华社推出了《新华社数字记者的火星之旅》这样一篇科普类报道。视频运用云计算和3D渲染技术呈现了一个虚拟记者在火星上进行实时报道的画面，不仅详细讲解了"天问一号"的探索路径，同时依靠图形渲染工具将火星的地貌完美地在数字世界中还原出来，可谓一场视觉盛宴。

这里我们来看虚拟记者是如何展开报道的。

【案例8】太过科幻，尽情展示！新华社数字记者的火星之旅

播出时间：2021年11月7日

播出平台：新华社

视频来源：bilibili

出镜记者：数字记者小诤

视频文案：

记者：大家好，我是小诤，新华社数字记者；全球首位数字航天员。

这里是新华社火星分社，也是媒体融合生产技术与系统国家重点实验室的火星测试站。今天，我们将借助最先进的计算机图形技术，开启一次火星之旅，也是一次未来之旅。

这是天问一号降落的乌托邦平原，火星上最大的平原，直径3200公里。构筑这样巨大的数字世界，全部基于智能化处理流程。

借助卫星遥感技术，我们不仅可以获得火星表面的影像，还可以提取

火星地形的高程数据。输入软件，再现真实的火星地表。

这里有难以计数的陨石坑、丘陵和裂隙。有众多保持太阳系之最的地理奇观。太阳系最大的峡谷——水手号峡谷全长4500公里，相当于从沈阳到曾母暗沙的距离。它在20亿年前为宇宙的伟力所塑造。这次旅程，我们希望让你体验逼真的火星环境。高山、深谷纤毫毕现，并且有真实可信的物理运动。

同时，这也是一个丰富活跃的世界。你能感受火星表面的一切，山脉、阳光以及气流。过去，每生成一秒钟这样的画面都要几十个小时，现在，运用实时渲染技术可以快速生成，这样我们就可以和这个精彩绝伦的世界实时互动甚至随时改变它。

这个虚拟却又真实的数字世界，可以成为我们生活的一部分。云计算是这一切的造物主，人工智能和算法设置逻辑，对用户的每一个行为做出反馈。5G传输是桥梁，让用户和数字世界息息相通，数字技术能让我们身在火星也将创造未来的世界。颠覆认知，展开新宇宙。

我们可以看到，所谓虚拟记者是人工智能和图形技术的产物。从有声语言上来看，虚拟记者的语气十分温柔舒缓，中低音域的女声为报道整体赋予了极大的接近性。记者的播讲样态接近新闻播报，但与新闻播报不同的是，记者的语速较慢。在报道中，记者的语气较为轻柔，在报道中所展现的社交形象拉近了与观众的社交距离。与此同时，记者的报道文稿写得十分通俗易懂，虽然报道中所介绍的是十分前沿的技术，但是经过记者的解说，观众并不会觉得晦涩难懂。

新华社还单独开设了天问一号祝融火星车的独立账号，该账号在b站阶段性地更新"天问一号"在火星上的动态。在不占用新华社官方账号版面和视频推送计划的同时，也能对这样一件举国关注的事件给予持续且深入的报道。在信息爆炸的新媒体平台中，用户生产内容和专业用户、机构生产内容都展现出了极强的吸引用户的意愿，大量在过去属于专业记者的工作如今正在被一个个用户所承担。相较于用户生产内容，从属于专业媒介组织的记者大多接受过系统的语音发声训练，在有声语言的表达上占有更大的优势。因此在很多情况下，记者的有声语言本身对于报道的传播效果就可以起到决定性作用。多样化的有声语言为报道带来了广泛的接近性和趣味性，对于报道背后的文本对新媒体平台的准确和广泛传播起到至关重要的作用。

新华社在抖音和快手平台上的出镜记者以及相关视频风格较为相似，且有相当一部分内容重合，重点主要关注社会民生相关议题。如记者张扬通过vlog式报道，向大众讲解新冠"阳了"之后，是否应该相信社会上流传的许多缓解症状的"偏方"。记者通过连线专业医师向大众解答关于"阳了"以后的诸多问题。

【案例9】"阳"了以后，你是否也想问医生这些问题

播出时间：2022年12月21日

播出平台：新华社

视频来源：抖音

出镜记者：张扬

视频文案：

记者：刚测了，阳了。这两天一直在发烧，最高到39度。头特别疼，一直疼。白天倒还好些，体温也能降下来，但到了晚上还是会反复。每个人的症状真的都不太一样，身边很多朋友普遍反映嗓子都会疼，像吞刀片一样。我自己的主要症状除了嗓子以外，嗓子以上和以下都剧疼。唯独给我留了个嗓子还成，我是"天选说话人"，需要让我跟大家多沟通多交流。今天我也约了一位医生朋友，他是北京大学人民医院的呼吸与危重症学科的医生，周医生。据说也阳着呢，但是不耽误，咱一起问问他。

记者：周大夫，请问嗓子疼的时候能吃凉的东西吗？比如说像冰激凌。

医生：这个时候吃点凉的是真爽啊，吃雪糕实际上对黏膜的损伤是比较大的，不推荐。用淡盐水漱口能够有效地收敛黏膜，促进黏膜肿胀的吸收。

记者：有的人说，半夜会疼得睡不着觉，有人说吃黄桃罐头、盐煮橙

子花椒水等等，这些有用吗？

记者的语气较为平和，我们可以发现她的声音沙哑，语态也显得疲惫，在镜头前给人带来的感觉十分接近"阳了"之后的一般大众。健康问题是人们广泛关注的社会议题，记者以一般大众的视角，通过采访医生来解答一般大众的问题。此种做法能够引起社会大众的关注，不仅能够答疑解惑，还起到了净化舆论、稳定人心的作用。

（二）有声语言在出镜报道中的价值

语言贯穿了出镜报道过程的始终，并出现在新闻生产的整个过程。但这与其说是记者的专业能力不再被需要，不如说是时代向记者的专业能力提出了更高的要求，鞭策记者提供更符合当代社会所需的媒体专业业务。正如习近平总书记2020年2月3日在研究应对新冠疫情工作时指出，媒体要"发布权威信息，正视存在的问题，回应群众的关切，增强及时性、针对性、专业性，引导群众增强信心、坚定信心"，而非做简单的传声筒。①

在出镜报道中，语言的在场与否都能发挥至关重要的作用。有声语言在出镜报道中的价值一是体现在语言背后的文本内容，二是体现在传递文本内容的过程中，也可以说是语言的组织阶段和传达阶段。

首先我们来看媒介融合时代的到来对于新闻生产过程的影响，即新闻的采集、筛选、加工、发布、反馈等过程。新闻生产的第一个阶段是信息的采集，随着网络信息采集技术和方法的成熟，出镜记者往往可以缩短事件从发生到报道之间的时间差。也可以说，事件发生之后，文本生成时间被大幅度压缩，出镜记者在很大程度上拥有了对事件的直接话语权。随着媒介融合时代的到来，新闻信息的采集、筛选和加工在很大程度上依赖于个人或较小的工作团队，出镜报道与新闻编写、素材采集等流程的界限逐渐变得模糊。网络传播的即时性、快节奏和高频率正在挤压相当一部分传

---

① 直新闻. 当每个人都可以是记者，记者的价值又是什么？［EB/OL］. https://baijiahao. baidu. com/s?id=1748897587852916660&wfr=spider&for=pc.

统意义中的出镜记者的生存空间。媒介融合新闻相对于新媒体的出现具有一定的滞后性，传统媒体大多选择逐渐朝媒介融合这一方向过渡。

1. 社会信息获取

人们借助手机、ipad、笔记本电脑等终端媒体，可以随时随地进入网络空间观看节目作品。这促使人们可以充分利用日常生活中碎片化的时间来观看节目，既大大提高了人们对于网络媒体的良好应用体验和较强的应用黏度，而且提高了人们对于日常生活时间的应用效率。这也在一定程度上改变了人们接受媒体的心理与习惯，碎片化、短时性、强刺激性成为人们选择和接受节目作品的普遍心理。[①]

面对充斥着纷乱繁杂的信息和大量感官刺激的网络世界，传统媒体在社会中所构建的话语结构受到了影响，传统媒体"居庙堂之高"式的信息传播效果、对社会现实的影响不再能够达到曾经手机等移动终端仅仅作为通信工具的时代那样。传统媒体被迫参与到吸引用户的竞争之中，受众不仅仅对于媒体的选择产生了摇摆倾向，还会根据已经了解到的信息自行对事件做出判断。因此，网络环境中的观点也呈现高度多元化的趋势。在这样的一场竞争中，内容的重要性被大幅度凸显，有声语言作为构成出镜记者报道内容的重要元素，在整个新闻生产过程中往往能够起到决定作用。

媒介融合时代，出镜记者拥有很大程度上的解释权和话语权，很多情况下文本的生成是即时的，这就对出镜记者的语言灵活性和亲和力提出了相当高的要求。好的新闻报道能够稳定民心，引导舆论，起到维护社会稳定的作用。我们以北京台《生命缘》节目于2022年6月1日发布于b站关于北京地坛医院救治新冠病毒感染患者情况的记者报道为例，分析出镜记者语言在事件中的价值。

---

① 李梅.新媒体环境下主持人媒介形象的变异与重构研究［D］.西安：陕西师范大学，2021.

【案例10】地坛医院新冠治愈者分批陆续出院 夏日繁花始盛开，疫情消散终有时！

播出时间：2022年6月1日

播出平台：北京卫视生命缘

视频来源：bilibili

出镜记者：赖一锐

视频文案：

记者：我是生命缘记者赖一锐，我现在所在的位置是地坛医院的应急一区，我们蹲守地坛医院已经有20多天。目前来说，出院患者的人数越来越多，地坛医院救治的情况都是趋于向好的状态。

患者：护士长，现在我代表我的家人真的感谢您对我们在地坛医院的治疗。

画外音：在杨女士上车的前一刻，护士长郭颖特意送了一朵花给杨女士作为离别礼物。

患者：谢谢谢谢，特别感谢。

护士长：相处的时间久了，又像亲人又像朋友，我们也是相互鼓励着走这段路。也是想把一束代表着阳光温暖的鲜花送给她，希望继续让她传递下去。

画外音：在医护人员的努力下，越来越多的患者康复出院。

护士：大概计划就是明天出院。

患者：这几天感谢你们啊，特别感谢。

记者：护士你好，最近这两天还有入院的吗？

护士：很少了，比之前要少很多很多。出院的比较多。

画外音：目前北京地坛医院应急隔离病区出院病例人数明显增加，并且出院病例人数远大于入院病例人数。目前，小汤山方舱医院先后有两批患者被治愈出院，而这里的患者住院周期基本都在7天到10天。治疗高效且快速。

护士：看到患者出院我们都很开心，每次送他们离开都觉得很有成就感。

　　患者：在医院的10天里，我们亲眼见证了医护人员的辛苦，他们一直在默默地守护着我们，让我们感受到了家的温暖。你们是最有爱的大白，感恩有你，白衣天使。

　　在报道中，记者使用了"出院患者越来越多""救治情况趋于向好"等较为积极的词语来描述地坛医院收治患者的情况。6月1日正值上海结束静默的前夕，彼时，疫情形势尚不明朗，在全国范围内民众酝酿的焦虑情绪也蔓延开来。在这样的时刻，北京传来的好消息显然能够大幅度地提振人心，一方面使民众对于目前的情况有大概的了解，另一方面也起到了稳定舆论从而进一步减少疫情社会面管理难度的作用。我们再结合网络舆论的风向来看，疫情的持续蔓延以及部分地方政府疫情管理"一刀切"的做法使部分民众对封控抱有些许不满。这个时间节点上的一系列报道显然起到了"强心针"的作用，也让民众能够回归理性，以科学的视角看待防疫政策和医院治疗。

　　新闻是经过选择后构建的事实，新闻报道并不能穷尽一切新近发生的事物，也不能完全真实地描述所有已经发生的事实。这样的现实即在拉康的概念中新闻报道的创伤性内核。创伤的来源是，作为报道社会新近发生事物的一种最普遍、最常用的手段，新闻却永远无法穷尽地报道所有新近发生的事实，经由创伤，新闻产生了永恒的匮乏。有了匮乏，就有了填补匮乏的动力。各路新闻媒体和社会机构绞尽脑汁，完善报道的结构、策略和科技水平。然而种种尝试都无法在当下完全填补这个匮乏。因此我们认为，这也是新闻报道发展的底层动力。而出镜记者的价值也就蕴含在这其中，作为公共事业，媒介组织以及具体的职业记者需要不断地为公众所普遍关注的问题做出探察和解释。这个不断地由真理的相对性向绝对性探查、求证的过程是记者所必须承担的社会责任。

　　2. 挖掘事件真相

　　出镜记者所承担的一项重要功能是社会风险预警。如央视每年的"3·

15"专题报道即是通过记者亲临一线，采访和发现诸多质量不合格商品。2022年的"3·15"节目上，记者揭露了土坑腌制的酸菜是如何经过加工成为方便面里的老坛酸菜包。记者通过亲临食品加工一线，采访到了制作酸菜的食品厂、农户和收购这些酸菜的经销商。

【案例11】【315曝光】触目惊心！部分方便面老坛酸菜包竟是土坑腌制

播出时间：2022年3月15日

播出平台：央视新闻

视频来源：bilibili

视频文案：

画外音：插旗菜业是湖南省华容县较大的蔬菜再加工企业，为多家知名企业代加工酸菜制品；也为一些方便面企业代加工老坛酸菜包，号称老坛工艺足时发酵。在插旗菜业的清洗车间，一袋袋酸菜被随意堆放在地上，经过机器清洗、切碎、拌料、包装、杀菌就做成了老坛酸菜包。那么制作这些老坛酸菜包的酸菜究竟来自哪里呢？插旗菜业公司官网介绍，拥有高标准室内腌制池300个，自己腌制酸菜。在插旗菜业的腌制区，记者果然看到了标准化的腌制池，工人正穿着特定的工作服进行作业。不过生产负责人告诉记者，这些酸菜都是用来加工出口产品的。老坛酸菜包里的酸菜，并不是这里腌制的，而是另有来源。

记者：自己腌的做出口，方便面菜包里面的就是收的土坑的菜？

彭经理：对。

画外音：工人告诉记者，清洗车间堆放的这些编织袋里的酸菜都是从外面收购过来的。记者跟随公司的货车，在同福村附近农田里找到了腌制酸菜的地方。腌制好的酸菜，就在一个土坑里，工人正在把腌制好的酸菜取出装袋。

记者：这个菜是谁收啊？

农户：插旗。

记者：插旗？是那个插旗菜业吗？

农户：对呀，现在这菜都是给插旗菜业。

画外音：记者看到，工人们有的穿着拖鞋，有的光着脚踩在酸菜上，就连称量酸菜的磅秤也是直接放到酸菜上。很快，货车上就装满了土坑里腌制好的酸菜。记者一路跟随，50分钟后，货车驶进了插旗菜业。

记者：咱们这儿收不收酸菜？

车间主任：收啊。

记者：土坑里面腌制那个酸菜？

车间主任：对啊。

画外音：按照《中华人民共和国食品安全法》规定，视频生产者应当查验供货者许可证和产品合格证明，对无法提供合格证明的食品原料，应当按照食品安全标准进行检验。然而生产负责人告诉记者，插旗菜业并不对卫生指标进行检测。

记者：土坑里的菜刚收过来之后，卫生指标检不检？

彭经理：卫生指标？卫生指标不检。

画外音：老坛酸菜包号称是老坛工艺足时发酵，在一个昏暗的库房里，记者确实见到了一些坛子。但工人告诉记者，老坛酸菜包里面的酸菜，并没有经过坛子发酵。

记者：有二次发酵吗？

工人：没有。

记者：就直接用外面那堆，我看有清洗车间的那个。

工人：嗯。

严经理：它不要二次发酵，不需要。

画外音：原来，所谓的老坛酸菜只是地地道道的土坑酸菜。生产负责人彭经理坦诚，虽然插旗菜业有自己的标准化腌制池，从这里出来的酸菜基本不会含什么杂质，但这些都被用来做出口产品；给食品企业代加工的酸菜，都是收来的土坑酸菜。同样都是酸菜，为什么会有两套不同的生产方式呢？

彭经理：国内的产品，到了消费者手里面，里面有一点树叶、有一点纤维顶多罚你一千（元）两千（元）；如果到国外了，至少是罚十万（元）。

画外音：彭经理说，使用土坑酸菜所加工的成品中，可能会含有一些杂质；由于经过了切碎等多道工序，肉眼很难发现。这些酸菜又是怎么腌制的呢？每年初春，正是芥菜成熟的时候。在菜地的旁边有一个大坑，工人将从地里拉过来的芥菜倒入到土坑里。记者注意到，这些芥菜并不清洗，有些甚至带着枯萎发黄的叶子；放置好后加水、盐等，用薄膜包上，盖上土直接腌制。

记者：像咱们这儿这种土坑得有多少个，多少个？

农户：这一路上都是，都是土坑。

画外音：在华容县的一些农田里记者看到，果然有很多腌制酸菜的土坑。经过三个月，酸菜就腌制好了。每年七月到来年的一月，厂家会陆续来这里收购酸菜，和插旗菜业所收购的酸菜一样，工人或者穿着拖鞋，或者光着脚在酸菜上踩来踩去，有的甚至一边抽烟一边干活，抽完的烟头直接扔到酸菜上。

农户：全国各地都拉走，湖北、四川还有上海那边，到处都拉走。

画外音：岳阳市君山区雅园酱菜食品厂生产的是这种一公斤包装的酸菜制品，主要卖给一些餐饮企业。

记者：咱这儿要收农户土坑里的那些吗？

李经理：也收。

画外音：在车间里，大批的酸芥菜被直接卸在地上，有的袋子已经开裂，酸菜直接落在地面上。

记者：那咱收过来得检验这些东西吗？

李经理：脆度、水分、酸度。

记者：那咱平时收进来是不检这些是吧，细菌、大肠杆菌这些。

李经理：都不检。

画外音：经过清洗、去根、切割，酸菜被输送到下一道工序。在包装车间，一名工人正拿着勺子往酸菜包里灌装液体。

记者：你这个加的是什么水啊？

工人：不知道。

画外音：海霞酱菜厂也是给餐饮业后厨加工酸菜的，车间里满是污渍，准备加工的酸菜直接堆放在地上。这里清洗酸菜更加简单，只是从水里过一下就直接切割装袋，加入防腐剂封袋。在调查中，从业者向记者透露，由于酸菜的腌制时间短，包装好后，一两个月左右就会发黑变烂。在加工过程中，有时会超量添加防腐剂。

刘经理：现在我们做的这个酸菜里面的防腐剂是超标的，主要是护色剂、焦亚硫酸钠、二氧化硫。我们现在做的产品我知道啊，我做进去就是超标的，你不超标不行啊。

记者：这个地方超标会超多少啊？

刘经理：它根据气候来定。

记者：那像夏天一般会超过多少？

刘经理：一般超2到10倍。

画外音：刘经理说，虽然超量，但他对防腐剂的使用早已得心应手，不怕被查。

刘经理：这个东西我们是打了一点擦边球。

记者：是怎么弄的？

刘经理：就是说它这个产品，它所有的防腐剂也好，还有那个护色剂也好，它是有挥发性的。我们今天做出来的产品，你今天检测它是一个数据，你过半个月以后它的数据又不一样。你现在做出来超一两倍，但是过个一个月它就不超了。

画外音：锦瑞食品有限公司是华容县较大的酸菜加工企业，也给一些食品企业代加工老坛酸菜。

记者：你们也收那个土坑里的酸菜和豆角吗？

生产负责人：我们池子里面不够用啊。

画外音：生产负责人承认，从农户那里收来的土坑酸菜会经过清洗，坛子七天发酵等多道工序，原本的一些杂质肉眼很难发现。

生产负责人：它是肯定洗不干净的，自己收购的（新鲜蔬菜腌制的）那可以。外面的就是土坑里来的，里面有树枝，有田螺，有羽毛，还有烟蒂啊。

可以看到，记者的问题没有丝毫拖沓，直击酸菜的来源和流向以及民众最关心的食品安全等方面。通过环环相扣、多方询问的采访方式，真相最终水落石出。对于此事，当地行政及执法部门第一时间调度处置。涉事地党政主要领导率领由市场监管、公安等部门组成的联合执法组连夜赶赴涉事企业，对所有产品全部就地封存，对企业的相关人员予以控制，对外销产品立即启动追溯召回措施，并全面停止农户土坑腌制行为。同时举一反三，立即组织由市场监管、农业、公安等部门组成的联合执法队伍，对全市腌制酸菜生产企业进行全面排查，对市场上的腌制酸菜产品开展全面溯源调查，防止不合格产品流入市场。

我们可以看到的是，记者的采访逻辑十分清晰。围绕着食品厂负责人、车间主任、车间工人和农户，将数个食品厂收购不合格土坑酸菜的内幕揭露出来。随着采访的不断深入，记者发现，从食品厂管理人员到腌制土坑酸菜的农户全都知法犯法。了解这一情况后，记者的语音状态也受到了他的感情影响。在看到土坑内正在腌制的毫无食品安全可言的酸菜时，我们能明显地从记者的语气中感受到愤怒的情绪。在询问当地农户还有多少个这样的土坑时，记者连用两个"多少个"，语气短促且激烈，愤怒的情绪溢于言表。酸菜和方便面是我们日常生活中十分常见的食品，记者激烈的言辞向观众传递了记者本人以及记者所属的媒体对于食品安全问题的关切。记者的语言之激烈、语气之急切，都体现出问题的影响之广泛、性质之恶劣。

记者的采访和报道所引发的后续反响十分激烈，一些生产"老坛酸菜方便面"的方便面品牌一时间成为众人口诛笔伐的对象。记者所进行的采访调查也使更多民众免于购买危害健康的劣质食品，对维护社会稳定、保护社会民众安全起到了巨大的作用。

发掘和传播文化遗产同样是出镜记者所肩负的重要使命。学者麻国庆在《文化人类学与非物质文化遗产》中指出，非遗得到传播以及获得社会认同是一个"自者"的自我表述和"他者"的艺术表达结合的过程。这里的"自者"指的是生长在某一特定文化环境之中的人们，这里的"人们"实际上涵盖的范围是很广泛的。我们可以认为，"自者"就是自身世界观、价值观受到当地文化影响，且对当地文化有较强认同感的人；"他者"则是在这一特定文化场域之外的人。面对种种传播困境，记者作为某一特定非遗文化的"他者"需要积极主动地寻找和帮助"自者"进行文化的传播。传统意义上说，非遗以及相关文化的传播是一项比较复杂的工作，非遗项目的考察、申报、推广以及社会面上的相关工作都是文化遗产传播中的关键部分。

人人皆媒的今天，社交媒体平台和视频网站为此前备受传播困境而面临失传的众多非遗技艺提供了一丝绝处逢生的希望。借助视频平台，众多非遗技艺能够打破自身带给大众的神秘、晦涩等刻板印象。事实证明，大多遭受"冷眼"的非遗项目仅仅因为受制于自者表述的不完全和他者解释说明的缺乏，由此形成了非遗越冷门越受伤于刻板印象，越受伤于刻板印象越冷门的恶性循环。

这里的问题在于，视频网站短时、强效的传播效果，使一个个"他者"并不仅仅看到了某一个非遗景观或者非遗技艺，观众们同时也看到了非遗传承人、非遗传播者等一个个鲜活的人。当陌生的面纱揭下，人们意识到了非遗并不因某种特殊得以存在，恰恰相反的是，我们能够在非遗中看见种种寓于生活的普遍性，它汇聚了我们生活中一切所思所感。换言之，当非遗被悬置为一个遥不可及的美好之物，非遗就成了我们的乡愁，成了看似完满又不可企及之物，成了我们表述自身匮乏，追求美好的合理出口。重视文化遗产的传播和传承，即是回归我们的褓褓，回归我们所诞生之处，了解我们自己。

【案例12】茶叶中藏着怎样的中国智慧?

播出时间: 2022年12月11日

播出平台: 新华社

视频来源: bilibili

出镜记者: 刘畅

视频文案:

记者: 它是中国人眼中的"天地精灵",从神奇的东方树叶到盏中佳茗。一缕热气伴着茶香,氤氲出千年灿烂的茶文化。一片树叶,经过中国人灵巧的双手演绎出无数种口味。一片树叶,可以是琴棋书画诗酒茶,也可以是柴米油盐酱醋茶。茶叶中藏着怎样的中国智慧? 我是刘畅,今天的《畅谈》让我们开启一场奇妙的茶之旅。

记者: 喝茶其实是常常伴着我们的生活的,那我们的祖先是在什么时候开始喝茶的呢?

沈冬梅: 关于饮茶的起源是神农尝百草,实际上我们喝茶的时间比我们文字记载的年代要久远很多。20个世纪后半期以来新的考古发现,在距今六千年前的浙江东部地区已经有人工种植的茶树。我们祖先对茶的利用至少在这个时候就已经开始,远远早于神农尝百草的时代。

记者: 茶有什么样的特殊作用,它有什么样的营养价值和药理作用呢?

沈冬梅: 它有消食、止痢、消炎的作用。所以最早的时候人们对于茶的运用是药用和食用一起的。汉代的《神农食经》里面就说,茶茗久服,令人有力,悦志。"有力"就是说喝了茶以后精力饱满,"悦志"就是说让人心情比较愉悦。茶对于中国人来讲它是一个日常生活,应该说在最早的南方茶产区呢,他们就用茶叶招待客人。相关的这种文化现象是从唐朝开始,唐代是比较繁盛的一个时代。

沈冬梅: 茶兴于唐而盛于宋,为什么会兴于唐? 首先是唐代大一统,比较开放;还有一个重要的基础条件就是大运河连接南北,南方茶产区的茶叶能够以比较低的成本运输到北方,一般的老百姓才能喝得上茶,喝得起茶。

记者：也就是说在这个时代，其实茶可以更好地流通了，所以大家就可以越来越多地普及这种文化。您刚才说兴于唐盛于宋，那宋代主要的茶文化是不是斗茶？

沈冬梅：宋代的主流饮茶方式是点茶，只是需要决胜负的场景下才斗茶，看谁的茶最好。民间斗茶最好的茶会成为"斗品"，有时候会作为贡茶。对于一般大众来讲，茶主要是个饮品；但在文人士大夫这里，它是一个雅好。

记者：那还挺有意思的，这个茶的制作技艺有什么样的演变和发展？

沈冬梅：最早就像中草药一样，我们采下来以后，为了便于保存直接晒干。有意识的加工工艺是在唐代，蒸青茶。宋代一直还以蒸青绿茶为主流，明代以后，制作从蒸青发展到了炒青、烘青和晒青。明清之际，六大茶类的制作技艺就全部都出现了。

记者：其实茶里蕴含了很多东西，茶代表了中国人一种什么样的品格和精神？

沈冬梅：宋代的大儒朱熹也讲过，茶不只是单纯地苦，它的特质所引发的是对于人生和社会的关照。茶是苦后回甘，所以朱熹就用这个比喻人生社会，始于忧患，你就会很努力，最后未来很美好。所以说，像茶一样先苦后甘。

记者：对，其实这也是从品茶当中品味出——人生如茶。其实我们也知道这个中国传统制茶技艺及其他的相关习俗现在也是申遗成功了，那这份成绩单对于我们来说有什么意义呢？

沈冬梅：申遗成功表明国际上对于中国传统的茶产业和茶文化的认可。也是我们国家的茶产业和茶文化的发展成就。作为一个基础支撑，古老的技艺传承与发展。茶不仅仅是饮品，它已经是国人向世界传递的一种生活方式。这份自信也如我们的花茶般花开香溢。

记者：我现在就在京味十足的老舍茶馆，这是爱茶者的乐园，到这儿我们一定要喝一杯茉莉花茶。这个花茶源远流长，咱们的茉莉花茶主要是以绿茶为基底？

王秀兰：绿茶为原料，我们老说国内六大类茶，六大类茶里面其实没包括花茶。我们茉莉花茶属于再加工茶，茉莉花茶的特点是泡茶它不挑任何水，很中庸，很随意，它不娇气。再一个，茉莉花茶本身抑燥、理气，不寒、不热。

记者：其实我觉得茉莉花茶是非常独特的存在，它既有绿茶的香，又有茉莉的香，是两者融合在一块的。如何让这两种香更好地融合？

王秀兰：老百姓讲，烘青意味着绿茶原料得做好。后期重点就是加工，就是窨制。

记者：窨制有什么样的一个过程？

王秀兰：首先我们要用晴天的花，花收进来以后，我们还要养花；要从我们整个的工艺来讲，叫伺花。通过我们人工的翻、堆，让花似开不开，然后我们再去加工。一层花一层茶，这样以后我们要给它一个静置的吸香的过程。到一般38、39度的时候，人工要给它把热量散发出去，让所有的花都能吃到香气。所以说我们做茶确实是一件非常辛苦的事。

记者：一定要爱它你才能做出好茶。

王秀兰：做一个地地道道的好茶人我们要求表里如一，好的人与好的茶一样，至清至纯。我们的茶跟花放在一块，它照样也是一种生命。燃烧了自己，但是呢，它成全了我们的茶叶，所以做茶一定要有奉献精神。我们做茶首先要有良心，二是要保证它的生命力。

记者：感受茶的生命，品觉我们生命中那些美好的芬芳，甚至比真地闻那个鲜的茉莉花还要香。清幽清幽的，或许就在这一杯一碗、一冲一泡里我们明白了中国人那种骨子里的温暖和知足，更体会到芬芳甘甜背后的匠心与传承。这个世界上很多人都非常喜欢茶，其实中国茶目前来讲已经在国外产生非常好的影响。那么茶叶怎样更好地走向世界呢？

王秀兰：一个是靠我们茶人的努力，再一个是要靠我们好的生态环境。种出好茶，把我们的茶产业不断发展。

记者：悠久的文化，茶人的匠心，生活的滋味，文明的交流，这就是我们的中国茶。

我们可以看到这是一部记者专访作品，访谈的时间正值中国茶入选联合国教科文组织人类非物质文化遗产代表作名录。记者通过与沈冬梅和王秀兰两位制茶、研究茶文化大师的对话，为观众掀开了茶文化之卷的一角。记者就茶文化的历史源流，茶与生活的关系和新时代茶文化如何再次突破发展等问题向两位进行提问。两位大师的回答从基础的制茶工艺和茶的起源逐渐展开，随即谈到茶对人体的作用、茶文化的发展历程和由茶文化所衍生出的关于茶的仪式等。在采访王秀兰的时候，记者谈到了花茶繁杂的制作技艺以及其香气的来源，我们能够感受到寓于制茶过程中，匠人的职业操守和他们对于生活和世界的独特看法，记者在最后的总结中也谈到，中国茶文化在很大程度上影响了中国人的世界观和人生观。

这是一档记者专访节目，并非新闻。访谈的环境相对轻松舒适，记者与两位大师的对话属于私人交谈的范畴。在谈话过程中，记者与二人的物理距离也较为接近。与新闻节目出镜记者不同的是，访谈环境中的记者的语言风格较为感性，更多地是在谈论对于茶以及茶文化的体会和感悟。记者的语气较为平缓，声调低沉，充满感情，整体语音面貌给人以"倾听者"和"问道者"的感觉。在这样的场合下，观众与记者和受访者之间更加容易产生情感上的共鸣，在传播效果上，这样的呈现形式能够牢牢抓住观众的情感诉求，精准传达蕴含于节目中的精神。

通过语言，我们可以感受到茶文化是如何影响我们对于世界和人生的看法的。无论是沈冬梅引用朱熹的"先苦后甘"还是王秀兰谈到的"良心""生命力"，这些词汇都能够让我们切实感受到茶文化和制茶人背后所承载的使命和担当。在最后，记者问及茶艺大师王秀兰对于中国茶的发展愿景，这位制茶一生的大师提到了"努力"，记者在最后的结语中将其升华为"匠心"。凭借着记者优秀的语言能力，在三言两语中，观众感受到了茶文化的内涵所在。我们有理由认为，整个节目不失为一次成功的典范。

3.展现媒介形象

媒介融合时代，出镜记者的人员要素构成发生了翻天覆地的变化。

一方面，众多由传统媒体转型而来的出镜记者正面临着自身所掌握的新媒体技术的匮乏；另一方面，由于媒介融合时代媒介平台的特点，如今人人都变成了传播者。大量诸如草根媒体和专业用户生产型媒体纷纷涌现，并与传统媒体争夺着网络传播空间。在新媒体传播场域中，形象变成了"人设"；在媒介的使用中，个人风格成了"人设"的关键。媒介融合视域之下，媒体记者的个人风格很大程度上决定了媒体的"人设"。《生态文明建设大辞典·第二卷》对于媒介形象的定义如下："通常指媒介的社会形象。公众对媒介持有的看法，媒介消费者对媒介的知觉性概念。社会公众是媒介形象的评价者和感受者。"在这条定义中，我们有理由将新媒体时代"人设"与"媒介形象"这一概念联系起来，即媒体出镜记者的个人风格和人设在很大程度上影响了媒介形象的表达。

无论媒体"人设"或者媒介形象，它们都由媒介组织有意识地建构起来并成为社会大众认识媒介的符号工具。在这样的背景下，建构和维护媒介形象变得愈发重要。出镜报道对于观众来说是最直观的形象展示，语言作为人与人之间互动的桥梁为出镜记者能动地塑造媒介形象提供了更多的可能。

【案例13】青蜂侠解锁新时代报道中的AI力量！数字主持人"青小霞"上岗

播出时间：2022年9月23日

播出平台：青蜂侠Bee

视频来源：bilibili

出镜记者：青小霞

视频文案：

记者：嗨，大家好我是青小霞。2022年，在中国青年网和百度百家号的携手下，基于青蜂侠外景主持人——张心觉的形象，我终于以这样的形式和大家见面了。近年来，迅猛发展的AI技术为数字人带来了全新革命。在AI技术的支持下，虚拟数字人的制作过程得以简化，于是，更多由

"我"出镜播报的资讯内容开始出现在人们视野当中。

25日10时，今年第九号台风"马鞍"预计将于上午在广东阳西至雷州一带沿海登陆，未来将对湛江造成较大影响。沿海风力逐渐加大，当日22时，湛江霞海海事处海事人员冒雨赶往码头现场，协助海上工作人员有序撤离。

随着短视频的兴起，人们越来越趋向于通过视频了解世界。然而视频较长的制作周期很容易错过热点事件的流量峰值，这时候，我诞生的契机出现了。百度百家号推出了TTV这个AIGC生产方式下的全新工具，只需要基础文本，几分钟后我就可以演绎一条字幕、配音齐全的视频。从而，每一条热搜都可以更快地出现在你的面前。AIGC让每一位媒体人都能用AI创作。

我们可以看到这是一类介绍性质的报道，在报道中记者完全在讲解作为报道执行人的"我"对于报道所带来的一系列改变。这里的"我"实际上是使用AI技术的虚拟主播。虚拟主播的语音使用了合成技术，语流和语气固定且标准。这一特点也表明诸如青小霞等AI主播在应用中更加擅长险情、公告等服务性较强的社会咨询报道。作为中国青年网专门开辟的一档视频栏目，栏目中使用AI播报的这一行为，符合了青年锐意进取、与时代同向的社会形象。与此同时，在报道语言中诸如"全新革命"等词汇正是在告诉观众，青蜂侠这一媒体账号在每一次时代的浪潮中都如同青年一般赶在前列。

出镜记者的语言对于塑造媒介形象有着至关重要的作用，观众对媒介的印象所延伸出的对媒介的信任程度或者媒介的公信力，自然也受到了语言的塑造。"对社会负责的新闻报道方式也提升了民众对媒体的信任程度。解决方案的引入不仅促成受众积极情绪，也在恢复和重建新闻权威性，令受众产生更强烈的媒介信任。"[①]我们再来看如下案例。

---

① 欧阳霞，王江城，白龙，等.情绪、信任、行动：建设性新闻本土化传播效果的实验研究［J］.国际新闻界，2021，43（08）：73-89.

【案例14】3·15晚会，曝光不可注射的美容针，妆字号美容针或致毁容

播出时间：2023年3月15日

播出平台：央视财经

视频来源：bilibili

视频文案：

画外音：这是2022年7月在武汉举办的美博会，参展的企业大多是生产美容医疗器械的厂家和化妆品公司。在海茂生物科技有限公司的展台，记者看到了一款名叫葡聚多肽的产品，备案信息为化妆品。工作人员称，这是他们的主打产品。

记者：这也是注射用的吗？

商家：对。

记者：这也是妆字号？

商家：对，大（盒）的话它是统一备妆字号的。

画外音：工作人员称，这款葡聚多肽是用于面部注射的，主要作用是抚平皱纹，让面部显得更加饱满年轻。2022年3月30日，国家药监局发布公告，对27类医疗器械涉及的医疗器械分类目录内容进行调整。其中整形美容用注射材料按照最严格的第三类医疗器械进行管理。而妆字号的日用化妆品只能外用于皮肤表面，显然不可以被用来注射。让记者没想到的是，这家公司的工作人员，竟然在展会现场为顾客进行面部泪沟注射。工作人员坦诚，这位打针的同事并不是职业医师。

记者：她有医师证吗？

商家：没有。

画外音：针剂注射属于医疗行为，必须由执业医师在注册医疗机构进行操作。而在展会现场，脸部注射场景屡见不鲜。在暨肽因子生物有限公司的展台，工作人员同样也在为顾客的太阳穴、额头、脸颊等部位进行注射。半个小时后，客户的脸颊上布满了密密麻麻的鼓包。

记者：好多鼓包啊。

商家：一会就好了。

记者：你是医生吗？

工作人员：不是医生，但是我们对我们产品的打法比医生更专业。

画外音：暨肽因子公司的工作人员告诉记者，他们公司主打产品是各类功效的针剂，主要卖给美容院，给有需求的消费者进行面部注射，同样都是化妆品。

工作人员：填充、除皱、减肥都有。

记者：咱们都是妆字号吧？

工作人员：一般我们出到美容院的所有产品都是妆字号。

画外音：这家依圣姿公司正是在展会现场打出了99元任选一部位现场去皱的广告，吸引顾客进行面部美容注射。

记者；这个是注射的吗？

工作人员：对，我们所有产品都是注射的。

记者：妆字号是吧？

工作人员：对。

记者：她现在打的是什么针？

工作人员：咬肌。

画外音：在另一场医学美容大会上，旭日美业商贸有限公司的工作人员向记者介绍他们的主打产品贝利芬系列，包括十几个种类，主打功效是美白、抗皱、补水，可以根据客户的不同需要搭配混合注射。

工作人员：妆字号的。

记者：那妆字号的就没法打吧？

工作人员：也能打。

画外音：同样在展会上，旭日美业工作人员公然为顾客进行面部苹果肌注射。工作人员介绍，客户不仅可以在展会现场体验，还可以预约到公司的办公地点进行针剂注射。记者来到旭日美业有限公司办公室，这里并不是一个医疗美容场所。此时，公司来了一位要注射美容针的客户，工作人员熟练地将几样化妆品调配在一起，为客户进行抗皱补水的面部针剂注射。

工作人员：我们出的这个浅皮层的血，最好给她揉回去。毛孔这血渗透回去的话，相当于我们做了自身的血液回输。面膜不要擦直接盖上，一会把面膜去掉，小包包几乎就没了。

画外音：就这样，一款只被批准用于表层涂抹的化妆品被打进了消费者的面部。记者进一步调查发现，在这些展会上，有些面部美容针剂注射产品甚至连化妆品备案都没有。

工作人员：基础水光，就是单打效果也非常好。

记者：那这个有没有批号呢？

工作人员：这个的话，也是没有批号的。

记者：连妆字号都没有？

工作人员：嗯对，几十块钱一个的东西谁去给它备案，没必要。

画外音：记者看到，这款针剂和它的包装盒上没有任何文字信息，属于典型的"三无产品"，因为廉价很受美容机构青睐。

工作人员：咱们老客户心里都清楚。

画外音：那么这些披着化妆品外衣进行脸部注射的产品究竟会造成什么危害呢？中国医学科学院整形外科医院接待了很多患者，都是因为脸部注射了化妆品导致各种美容惨剧。

医生：妆字号产品只能外用涂抹，有些不良商家把它当作注射产品注射到消费者面部之后，会产生很多的不良后果。比如，面部皮肤的红肿、破溃、反复发炎，甚至无序生长、变形。这样，美容不成变成毁容。

画外音：记者在调查中发现，这类以化妆品名义销售的美容针剂因为价格不透明，利润极其丰厚，从业者趋之若鹜。

工作人员：基本上成本会在300多（元），一次收费怎么都要在3000（元）以上。

工作人员：这个价格起码乘十。像那个（成本价）280元的，最低价是2000元一组起步，到2800元不等。

画外音：那么这些利润惊人的"打脸"化妆品，究竟是哪里生产的呢？遇太美生物科技有限公司的工作人员称，他们就是注射用化妆品的生产厂家之一。

工作人员：工厂什么产品都可以做，如果说你想贴牌的话什么都可以。像我们现有的自己品牌的东西，就是填充、溶脂、水光、干细胞、皮肤管理的面膜、修复等各种类型的产品，还有祛疤的。

记者：现在还是妆字号？

工作人员：妆字号的。

记者：就也可以注射？

工作人员：那肯定的。

画外音：为了一探究竟记者来到了遇太美公司，工作人员把记者带到了一处正在装修的新厂房。工作人员介绍，这些年市场上美容针剂的需求量大，销售情况好，公司正在扩建生产规模。

工作人员：我们之前老工厂小，这是我们新的工厂。老工厂只有三层，这边六层。

画外音：易圣生物科技有限公司也是医美展会的参展商之一，工作人员向记者展示了几十种他们工厂生产的用于面部注射的美容针剂类产品。

工作人员：这些是属于轻医美，填充，水光，全部都有。是要破皮注射的产品。

工作人员：要手针打到（皮肤）里面推药。

画外音：易圣生物的工作人员介绍，各类"打脸"美容针剂几乎都是他们这样的工厂生产的化妆品。

工作人员：我们自己都是妆字号。操作这种医美产品的人，有证的有几个？没几个有证，说实话。目前来说，没有哪一家工厂生产这类型的产品可以打"械"字号，它只可以打"妆"字号。

画外音：易圣生物的工作人员坦诚，生产这类打着化妆品名义实则用于注射的美容针剂是有巨大风险的。

工作人员：因为刚刚讲了比较隐私的一些东西，工厂没有拿到这方面的（生产许可）证件，我们的工厂开在这里，食药监各部门他们肯定会来看。我们如果明目张胆地生产这个东西，这里就干不下去了。

画外音：就这样，一批批打着化妆品名义的美容针剂源源不断地流入市场，堂而皇之地出现在各类医美化妆品展会上。批发给形形色色的美容机构，最终被注射到消费者的脸上。

工作人员：我们的产品就是涂抹的，你把我卖的菜刀拿去杀人跟我有关系吗？

近年来，医美作为新近火热话题受到了社会上的广泛关注。不同于整容，医美对于人体的侵入性和造成的次生伤害都比较小。相比较整容，医美的花费较低，受到了许多爱美人士的追捧。这次关于医美的报道我们可以看出，如同以往的"3·15"晚会，采访记者是站在一般大众的这一边，代表着一般大众的利益。记者从美容用品展销会入手，通过对医美用品经销商和相关工作人员的层层追问，挖掘出了一整套不合法规的化妆品产业链。在一开始，画外音介绍了妆字号化妆品只能用于皮肤涂抹而不能被用于医美注射，且进行注射必须要在执业医师的操作下完成。围绕这个点，记者开始了追问。

首先是问展销会上的各个商家所销售的产品是否是妆字号产品，其次询问经销商手中的妆字号产品是否能够被用于注射。我们可以发现记者的语言逻辑十分严谨，问题富有建设性，采访过程环环相扣。在无形之中塑造了一个努力挖掘真相、为百姓谋安全幸福的记者形象。记者的语言（如"连妆字号都没有"）在一瞬间拉近了媒体与观众的距离。观众们感受到记者所提出的问题与自身息息相关，与此同时，观众们和记者一样拥有了要"刨根问底""斩草除根"的念头。在随后的采访中，记者看到了所谓妆字号化妆品被销售人员注射进了普通顾客的皮肤里，抱着同样的疑问，记者询问其是否有进行注射的相关医师资格。在参观生产化妆品的车间时，记者发现医美产业的利润是如此丰厚，以至于一家中小型企业都能够快速地扩大生产规模。我们发现，在报道中仿佛观众所想即是记者所想，记者所见即是观众所见。记者通过通俗的问题、步步紧逼的节奏将判断的权利交给了正在观看的观众，给观众留下了公正、透明的形象。

（三）媒介融合时代语言表达的问题

近年来，媒介融合的势头十分迅猛，各路新技术和由此催生出的一众新兴媒体如雨后春笋般涌现，出镜记者的队伍不断壮大。现如今出镜记者语言表达存在的问题是媒介融合时代之前，出镜记者在业务中所固有的和由于新媒体快速发展而新诞生的一系列问题的总和。

在出镜记者报道中，语言在一定程度上代表了某种形象，这种形象往往表现为记者的个人风格和记者当下的状态。在报道中，观众不仅仅将记者所报道的内容、镜头所对准的场景当作获取信息的重点，记者的语气、语态、语言的逻辑和语言的流畅度都是观众获取信息的重要来源。在灾难或事故面前，记者的语气十分恐慌，这就给观众也带来一种恐慌感。以火灾为例，在很多报道案例中我们会发现起火的材料是化学原料，这一类物品具有什么样的化学性质，公众大多不甚了解。这时记者一方面要向公众解释火灾的具体细节，与此同时，公众也根据记者语言中的种种细节对事件做出判断。在此种情景下，记者对语言的使用和控制就显得尤为重要。

1. 节奏

无论电影、音乐，还是舞蹈、戏剧，任何艺术都有属于自己的节奏，出镜记者更是如此。[①]出镜记者的语言节奏在很大程度上决定着报道整体的节奏走向，例如一些庆典活动现场，出镜记者有时会出现语速过快和语言节奏滞后的情况。这两种问题一是提供的信息量过多，让观众抓不住重点；二是反应过慢，使观众感到疑惑。

【案例15】我们的2022跨年现场直播

播出时间：2022年12月31日

播出平台：央视新闻频道

视频来源：bilibili

---

① 韦芝枫.浅谈如何做好电视新闻出镜报道［J］.视听，2018（05）：137-138.

出镜记者：吴成轩

视频文案：

主播：今天是2022年的最后一天，现在离新年的脚步越来越近了。相信各地的跨年活动也是渐入佳境、渐入高潮。

主播：没错，首先我们就要到古城西安去看一看，因为在那儿有一个非常著名的景点就是大唐不夜城。很多人都把那儿当成是他们的打卡地，而现在那里的客流量怎么样，新年是不是已经按下快捷键了呢？我们赶快来连线我们的总台记者吴成轩。成轩你好，带给我们大唐不夜城今晚的夜色。

记者：喂喂喂？咋啦？没人跟我打电话。

主播：能听到吗？因为现在现场确实特别热闹啊，我们记者也需要一些时间准备。其实我是特别期待大唐不夜城能用什么样的方式让大家看到，既有传统的文化的精髓，还有现代人跟过去之间的对话。听说那儿还有很多非常好的……咱们一会再连线他。

这次直播连线正值2022年与2023年跨年之际，中央电视台为此开辟了专栏来报道全国各地跨年的热闹景象。我们可以看到的是驻西安记者在报道中完全没有反应过来，当导播将画面交给他的时候，他依然在进行直播前的准备工作。记者显然没有把握好"什么时候说"这一节奏，以至于在直播现场出现了事故。在拥有多位记者的大型采访中，导播切换画面的时间和记者开始报道的时间需要做到高度的吻合。记者必须要在规划的时间内完成自己的报道，否则就会打乱整个报道的流程节奏。这位记者的行为显然将后续记者和主播的节奏打乱，为整体的报道埋下了不稳定的种子。

出镜记者语言节奏的把控在于其是否能够使观众准确、自然地接收到信息。记者的语速过快，会使观众错过关键信息，无法了解事件全貌；记者的语速太慢会使节目整体效果显得拖沓。记者作为报道的执行者本身就肩负着清晰地将信息传达到观众面前的责任，我们再来看这一案例。

【案例16】疫情防控看民生——记者带你"云逛街"（节选）

播出时间：2020年2月19日

播出平台：新华视频

视频来源：bilibili

出镜记者：梁舜、郑梦雨

视频文案：

记者：我们来到了南宁市海吉星批发市场，疫情防控是目前各行各业最重要的工作之一。作为老百姓菜篮子的重要保障，农产品批发市场的疫情防控工作做得怎么样，产品的供应和物价是否稳定，今天我们就来到海吉星市场进行现场了解。我现在是在海吉星批发市场的大门口，今天我们邀请到了广西海吉星商业管理有限公司的副总经理，袁国介，袁总你好。袁总麻烦你跟我们介绍一下，我们公司在疫情防控方面做了哪些的工作。

经理：好，我们是南宁最大的农批市场，我们现在管控疫情采取封闭式的管理，现在留了一个大门区在这里。我们派了六个岗点，对所有的车辆、人员进场，检查是否戴口罩，测量体温。对高风险区来的车辆要特别全程跟踪，进行全面的监测。这是我们门区的情况。

记者：我们平时车流的进出量是多少？

经理：按照以往来讲，我们日均的车流大概在九千台左右，但是现在疫情期间是四千五百辆。

记者：减少了将近一半。

经理：对。

记者：现在我们也可以看到有很多的工作人员对进出的司机进行体温检测，我们现在每天安排了多少个这样的人员在这里进行检测工作？

经理：我们在大门区域投入了七个人员，有四个负责专门测体温，两个做登记，还有一个是专门做车辆的消毒、消杀工作。

记者：我们要专门对车辆进行消杀是吧？

经理：对对对。因为在园区门口，有两条地毯铺设有消毒水，货车进来以后，我们有专门的人员对货车轮胎进行另外的消毒。

记者：现在人员排班情况怎么样，是二十四小时都有人在这儿吗？

经理：我们二十四小时都要坚守，都要进行检测、进行排查。

记者：大门口的情况就是这样，我们往里面去看一下市场交易的情况。

经理：好的好的。

记者：您先给我们介绍一下整个市场的情况吧。

经理：好的，我们这个市场是南宁市最大的农批市场，占地574亩。分成四个品类，一个是蔬菜，一个是水果，还有就是冻品，还有副食干杂。现在我们的水果交易量按照往年来讲，一天的交易量是3 450吨，蔬菜每天的交易量是2 850吨。水果占到南宁市一级批发的百分之百，蔬菜占到南宁市一级批发的百分之七十，然后冻品是占到百分之二十，这个是来货的情况。那么我们现在水果辐射的范围有五个省份，一个是广西壮族自治区内的所有县份，一个是广东的雷州半岛地区，再一个就是湖南的怀化地区。还有贵州、云南，主要是这五个省份。

记者：刚刚您讲到我们车辆进出的情况比平时少了一半，那么疫情发生之后，水果的进货和供应方面最具体的变化是什么？

经理：主要是交易量下降了，因为现在是疫情期间，大家都在家里面。在有序复工的情况下，人流和交易量没有像往年这么旺。总的来说水果的交易量下降了三分之二左右。

记者：那对我们的影响还是非常大的。

经理：对，对我们的影响是比较大的。

记者：我们海吉星是以传统模式来进行销售的吧，传统的批发模式。

经理：是的，我们主要是以现场看货、销售为主。

记者：我们这里的水果品种主要有哪些？我看到我们市场的种类还是非常多的。

经理：我们总体分为四大类，一类是南（方）果，南果区，进来这一栋档口是以芒果为主。另外一类就是北果，主要以苹果、梨为主；另外一类是进口果，主要包括东盟果和西盟果。还有一种就是比较杂的一些水果，杂果类，比如说百香果，还有大青枣、菠萝等等。主要是分成四大类。

记者：在这几类当中我们受疫情影响最大的是哪一个品类？

经理：远方，比如说苹果、梨，从远方运过来，这个运输的影响是比较大的。

记者：受到一些人员和道路的管控的影响。

经理：是的是的，工人难找，路途比较远。疫情期间因为管控，运输和加工上是受到影响的。

这是一场时长45分钟左右的直播采访，记者的主要目标是通过采访的方式使疫情防控期间的观众了解到街上的一些情况，以及让观众了解疫情对于各行各业的影响如何。有两位记者参与了这场直播的采访工作，第一位记者通过进入广西南宁的海吉星批发市场，通过与批发市场的经营者进行沟通，了解疫情对批发业的影响如何，带领观众"云"逛街。我们可以在第一位记者的报道中发现很多问题：前五分钟的采访略显拖沓，记者语言中的语气助词过多，有时甚至超过了被采访者；记者的陈述较为平淡和缓慢，语流中缺乏节奏，这很容易使观众无法抓住重点；在对批发市场经理的采访中，我们可以很容易发现记者在进行采访之前缺少对采访对象和所到场地的前期调查和了解。简而言之，记者在报道之初并没有做好功课。例如对于批发市场基本情况的展现，本可以由记者向观众介绍，但我们可以看到这些介绍最终都化为了记者和采访对象的谈话中断断续续的语流。这样一来浪费了宝贵的直播时间，二来进入疫情对批发市场的影响这一主题的时间较晚，大大降低了观众的观看兴趣。

我们在此处不妨思索这则直播在社会层面的意义。2020年2月初，正是疫情广泛暴发的时间点。同年1月，国家卫健委发布了明确新型冠状病毒感染的肺炎第四版诊疗方案，明确了新冠病毒的治疗方法，封控、隔离等字眼开始广泛地出现在公众面前。疫情暴发之初，公众普遍抱有恐惧的心理，对于餐馆、市场等公共领域更是避之不及。"云"逛街的意义在于，公众在此时对于出镜记者抱有更高的期望，这种期望存在于每一个受到疫情影响的公众，记者仅仅走在街上就会向观众传达一种安全的信号。记者的在场，在更深的程度上代表了记者背后的媒介组织，在这时记者本身成了一种有生命的、代表关切的符号。因此出镜记者在此时应该更加注意自身的言行，而记者的语言就是报道节奏的向导和指引。

2. 语气

当我们谈到出镜记者的语气问题，我们通过观察现实后得到的判断通常是得体，记者的语气应该和身处的场合和事件吻合。也就是说语言是否得体要代入特定的场合中去探查，出镜记者在报道中会接近社会中几乎一切场合，无论是下水道旁的黑作坊还是全国两会的现场，我们都能看到记者活跃的身影，出镜记者也应当在不同的场合合理地运用自己的语气。

我们来看下面这一案例。

【案例17】总理记者会这么抢座吗？记者们都跑起来了！

播出时间：2023年3月15号

播出平台：中国日报

视频来源：bilibili

出镜记者：彭译萱

视频文案：

记者：媒体工作者再一次接受了速度的考验，只有获胜者才能在总理出席的记者会上拥有一个座位。

记者：今天在十四届全国人大一次会议闭幕式后。

记者：我以后是不是见不到你们了？

国外记者：还会的，五年后我们还会来的。我要见你，也许在黎巴嫩能见到你。

记者：国务院总理李强将出席记者会。

记者：在金色大厅，将有400多名中外记者出席本次记者会。工作人员正在做最后的调整。

记者：你们是在等直播吗？

香港记者：是的。

巴基斯坦记者：我还没找到座位，我可能会站着。我的问题是有关外交政策的，尤其考虑到现在伊朗和沙特阿拉伯的关系，应该即将有结果了。

泰国记者：做她的朋友，有一些危险。

巴基斯坦记者：真的吗？

泰国记者：是的，她在中国太火了。

记者：你应该专心转播！

英国记者：我之前看过你的视频。

记者：真的吗？

波斯尼亚记者：你忘了我的名字？不，你记得我的名字。

记者：奥梅尔是吗？

波斯尼亚记者：是的，奥梅尔。

记者：你今天很有气质。

波斯尼亚记者：谢谢你，今天是两会的最后一天了，所以做了特别的打扮。

记者：闭幕式结束后你不会离开中国吧，闭幕式之后就要走了吗？

波斯尼亚记者：我想先去中国的迪士尼，还有环球影城。

台湾记者：就是想要了解包含全球的局势，还有包含经济的部分，台湾问题方面等等。还有台湾的媒体。

记者：我刚访问的是谁？

台湾记者：台媒最漂亮的女生。

记者：哇哈哈哈哈哈。

台湾记者：因为我才来北京工作，所以一切都还蛮新鲜的。去鼓楼看了一下，氛围都挺好的，尤其牛街很有烟火气。

记者：突然间，大厅安静起来。记者会上提出的问题涉及许多领域。从总理热情的回应中我感受最多的是对中国未来发展的信心。

巴基斯坦记者：他给我的印象非常好，他的讲话也非常成功。

澳门记者：总理详细回答了很多问题，方便我们了解到未来五年的目标。

纳米比亚记者：至少我们知道了未来会发生什么，我们对中国一直面临的问题有了一个概念，也知道了他们是如何解决的。

台湾记者：尤其是在讲民营经济跟讲粮食问题的时候，非常接地气，也非常了解状况。所以我觉得他对很多问题是深思熟虑的。

记者：记者会结束，我走出大会堂，比跑着进来的时候见到的天更亮了，空气中有一种春天的味道。在过去几天里的大会堂发生的一切，都像是一颗种子，它们被种下了，很快就会发芽。明年见！

这则报道是以vlog的形式呈现的。记者作为两会记者团中的一员，以自己的视角去观察和感受两会中的人和事。人民大会堂是十分严肃的场合，在对于两会的正式报道中，记者的语气往往同样严肃且认真。但与正式报道不同的是，vlog式的报道更多从记者个人的角度出发，以记者的身份去感受两会的现场。在这样的情景中，对于媒介组织而言，记者本身并没有所谓代表性，她的报道更多以叙述的口吻展开，通过讲述自身所见所闻向观众传达信息。

这条vlog拍摄于总理答记者问的环节，这篇报道的主线是记者彭译萱在进行准备工作时，与来自各个国家和地区的记者进行交流。难得的是，记者在报道中的语言做到了张弛有度。在准备阶段，她与其他记者同行交流的语气轻松且充满趣味，在总理答记者问环节中，她又能够很好地调整口吻，例如"发展的信心"等词语非常合时宜地描述了总理的回答给自己带来的感受。在记者走出大厅之后，又使用了如"天更亮了""春天的味道"等词汇，视频的风格也回到了轻松的氛围。

我们可以感受到这是一篇十分优秀的报道，记者随着场合和事件的变化及时且自然地调整自己的语气，与此同时也展现出一个全新的视角，即人民大会堂金色大厅的内部样貌和两会之中记者的工作状态等。不仅如此，这篇报道让公众了解到，记者会如何运作，记者会也并不是一贯严肃的，会议中的记者同样是一个个有血有肉的人。同时，这篇报道从侧面展示出了总理的亲和力和为人民服务的一贯宗旨，展现出我们中华民族有朋自远方来的大国风范。

3. 情感

在很多报道中我们会发现这样的问题，记者的语言死板生硬，仿佛对于所报道的内容毫不关心。究其原因，这种现象是记者报道中客观性与倾向性的不一致造成的。出镜记者的情感流露实际上传达出一种关切的信号——我如同大家一样关切着这则事件。这样的情感流露往往是自然的，是身处事件之中，不由自主的情绪表露。中国近代新闻的先驱梁启超所开创的时务文体有着"笔锋常带感情"的特点，邹韬奋在接编《生活》周刊时提出要成为读者的好朋友，这些都是新闻工作者在接触一件件社会民生事件时的真情流露。我们来看下面的案例。

【案例18】【武汉Vlog】别了！方舱医院

播出时间：2020年3月11日

播出平台：央视新闻

视频来源：bilibili

出镜记者：张竣

视频文案：

记者：我身后就是夜幕下的武昌方舱医院，最后一宿了，再看一眼就拜拜，进去了！

记者：听说这是最后一宿了，什么心情？

工作人员：很激动而且期待，又有点不舍，应该说有点涩吧，因为有一种战友情。

记者：好吧，总之还是关门大吉。

记者：看床上其实没有多少人了，这边都是整排整排的空床。您好，抱歉打扰您休息了。

患者：没事没事。

记者：您现在状况怎么样了？

患者：现在好了，已经好多了，要出院了。

记者：最后这一晚上啥心情？

患者：高兴啊。

患者：我们没有想到，做梦都没想到这么多人都是得一样的病。

患者：感觉很好。

记者：已经完全恢复了是吧？

患者：明天要出舱了，有点兴奋，所以今天睡得有点晚，估计今天一晚上难眠。

记者：咱们这个屋是干啥的？

医生：这是医生的值班室。

记者：哦，您这贴了个红袖章，医生。今天晚上这边还有多少个患者？

医生：应该是只剩下24个了。

记者：今天是最后一晚上了。啥感觉？

医生：看着里面空了还挺开心的，看到希望了。一开始我觉得很魔幻，其实有一段时间觉得很不现实，怎么2020年开头就这样子了。

医生：我真的是第一次遇到这种情况，我们一进来的时候，不知道怎么说当时的那种感觉，没见过这种场面。只有床。

医生：一看就是，当时我觉得这是国家和政府倾尽了全力啊。

记者：那你们今天完事，明天就回河北吗？

医生：明天我们原地待命。

记者：在这儿印象最深的是什么事？

医生：印象最深的，在这儿穿了纸尿裤，因为小时候没有穿过，那时候没有条件，年龄也没有到，结果在这儿穿了一个月的纸尿裤。

记者：感觉怎么样。

医生：感觉回到了童年一样。

患者：每天都和不一样的人聊天，他们来自不同的地方，大家互相之间彼此都不认识，但是在这里都成了朋友，每天都会聊天。

患者：跳广场舞的，护士带着我们做呼吸操。

医生：其实按照方舱医院的标准，我们不收小孩子，但是也有一个小孩子，因为她妈妈在我们这边。她是单亲家庭，就一个妈妈，她自己本身被社区送到儿童医院，她妈妈就非常担心，情绪很崩溃。后来也是通过各方面协调，小孩子到我们这边来了之后，她妈妈的情绪就好很多，她每天让孩子在方舱医院里面画板报，让人感觉很美好。

患者：医生们、护士们，也都是冒着生命危险。他们都有自己的家，都有自己的小孩。都毅然地抛开家里面，到武汉来了。当时说实话全国都蛮恐慌的，但是他们都来了，我真的很感谢他们。

医生：青海队、江西队、华山医疗队，我们都是舍不得的，都有感情。

患者：但是舍不得也要舍得，不舍得怎么办呢，我们回去了他们才能回家啊。

记者：你是江西的？

医生：我是江西的，他们肯定之后也不容易见到了，我跟他们搭过班。我们搭了有两三次班了。

医生：我好想把这一切都记到我的脑子里面！

记者：为什么呀？

医生：因为这是我的一种经历，我舍不得这里。像跟我搭班的同事，我们江西护理组的101号人，还有我平时接触的这些患者，我觉得他们都是很熟悉的面孔。

患者：想去江西，去青海，我想去他们工作的地方，去看看他们的脸。感谢他们在危险中义无反顾地逆行来支援我们。

医生：希望以后我们有机会还要来武汉，武汉确实是英雄的城市。

医生：真正到了关键时刻我感觉我们全国人民都很团结，真的很团结。我这次真的是感觉到了。

医生：因为其实这里面的患者大部分来说，比起我们平时的患者，我觉得是非常能够理解我们的。所以我想谢谢他们，还想跟他们说一句，你们受苦了。再就是，恭喜你们出院。

医生：最后一晚了，都要走了。

记者：为了不影响大家的休息，所以我很快地就从方舱医院里面出来了。武昌方舱医院是我最早来的一家方舱医院。当时进来的时候，这家方舱医院面对的是社会各界的非议、猜测，各种各样的流言蜚语，对这里的不满。但是等到今天的时候，我会发现，这里的患者和医护人员他们都说有些舍不得。可能这样的情感我们不在武汉的人很难去理解，但是我们相信这种团结在一起共克时艰的经历一定会成为他们每一个人人生中特别难忘的一笔。咱们在这儿一起跟方舱医院、跟这段故事、这段时间说声再见。

此次出镜的记者张竣曾任央视战地记者，在本次报道之前，他已经是一位拥有百万余粉丝的b站美食up主。或许是多年战地记者的经历令他的身心感到疲惫，当他回到日常生活中被问及为什么转型去做美食vlogger的时候，他给出的回答是，"做美食，安全"。

他在疫情暴发之初就悄无声息地进入已经封城的武汉，在疫情的报道中，他也曾一度发烧至38度。或许战地记者的经历可以解释他在面对严峻的疫情形势的时候那一份难得的从容，在方舱医院关闭的前夕，他选择进入只有寥寥几人的方舱医院，和那里的医生与患者交谈，做一个沉静的倾听者。在这里他所流露出的更多是理解，武汉战疫时间如此之长，不仅病患痛苦，医生更是承受了职业素养、心理和生理上的多重压力。中国常有"事以秘成，语以泄败"的处事习惯，孔子也有云："成事不说，遂事不谏，既往不咎"。当形势开始好转，抗疫的曙光初现，一切的苦楚和甜蜜都要有个释放之处，记者显然深知这一点。作为抗疫的参与者，他选择同病患和医生一样，静静地在夜晚的方舱医院中倾诉这漫长的抗疫路上的所见所感。

二、出镜记者的副语言解析

中国播音学学科体系创立者张颂老师对于副语言的解释是这样的："副语言是语言的副产品，伴随着语言，附属于语言，辅助语言共同完成表情达意、言志传神的任务。"在上文中我们已经谈到了出镜记者的声调、速度、音量和节奏等特点和应用情景，谈到出镜记者，首要因素即是出镜，是记者身体形象的视觉化呈现。而在这里我们着重探讨的是出镜记者在镜头前的姿态、仪容等要素，对于那些无法诉诸语言的感觉或氛围，我们认为过多的探讨并不能有益于出镜记者在实际报道中的表现。

语言和副语言之间的关系是共生且协调的。在出镜报道中，任何一方的缺席都会导致表达和引导的谬误。简单举例来说，当记者说出"我很开心"的同时，面部表情却十分僵硬，那么这句话的信服力和真实性就差了很多。简而言之，观众会觉得记者没有说真话。

（一）姿态

姿态是出镜记者在进行表达时的有效媒介之一。在这里我们主要探讨包括肢体层面的身体动作、手势等。例如在节日庆典或者事故现场，记者的某些姿态（如肢体动作的样态和幅度）的变化通常是记者内心感情的无意识流露。这种流露存在着各种程度上的意义，如关切、恐惧等等。在此基础上，了解并把握这些姿态、主动地运用姿态进行表达是出镜记者副语言表达中关键的一环。例如央视记者刘骁骞在2020年4月12日发布于b站的标题名为《陪巴西里约凶杀案重案组的刑警们值一个夜班》的报道。

记者在巴西里约热内卢见证了一起凶杀案，随后他决定跟随里约重案组的警察们参与这起案件的调查，以期探求里约谋杀率居高不下背后的原因。在赶往案发现场的车上，记者开始了对凶杀案情况的介绍。里约的暴徒悍不畏死，在进入毒贩控制区前，记者将报道所用设备进行了防弹处理。我们对比记者在进入毒贩控制区域前后的肢体状态就会发现，在相对安全的警察封锁区，记者的肢体较为放松，四肢也呈打开的状态，此时记者的语气相对来说也很放松。在进入毒贩控制区之后我们可以看到，记者行走时的步调明显放缓，且整个人保持一种试探着前进的姿态，身体重心略为下沉是为了在面对突如其来的危险时能够随时做出反应。

我们可以看到记者在深夜进行报道，摄像机并不能很好地捕捉环境的信息，记者这一前一后肢体语言的变化不仅是他个人对周围环境所做出的真实反应，也从侧面体现出了报道现场危机四伏的情况。当他再次出镜时，我们发现记者已经戴上了防弹头盔，在报道时肢体动作幅度变小，语音也随之变轻。随后，毒贩们发现了他们的行踪，为了安全起见，摄像师关掉了照明灯光，突然一阵枪声传来，这是毒贩对记者一行人发出的驱赶信号，随即，记者和重案组立即离开了现场。

（二）仪容

仪容包括了仪态和容貌两个部分，也成了出镜记者在镜头前给人留下的第一印象。我们在这里讨论的仪容主要是出镜记者的着装和面部表情等方面。记者的服饰和妆容是否得体，表情是否生动、真实，这都是记者仪容的重要元素。正如我们上文谈到的语气问题一样，记者的仪容搭配也要分场合、分情况。

我们来看新华社在2021年3月11日发布于b站，标题名为【揭秘Vlog】"记者职场一键换装＆报道日常"的节目。节目讲述的是新华社记者许丹睿向观众们介绍记者在两会期间是如何根据不同场合安排自己的穿搭。在开头部分，记者在家中对节目进行简单的介绍，我们可以感受到她所处的环境十分轻松。记者在镜头前也穿着休闲装，表情、动作均处于一个松弛的状态。

在她的介绍中我们可以了解到她对于不同套装的详细介绍：米色的套装适合棚拍；蓝色和灰色西服十分百搭，适用于很多场合；在户外出镜情况下，白衬衫是记者们的首选。我们也可以看到她在两会vlog中身穿白衬衫，搭配黄呢子大衣的形象。又比如，在寒冷地区出镜的记者往往都身穿冲锋衣等。人民网也曾发表过一篇名为《记者穿衣指南：你开心就好》的文章，可以说，这篇文章一语道破了记者穿衣的本质。文章这样写道："深究原因，只能说即便再高的穿衣能力，也为记者本人加分有限。在非正式场合工作，倾听者无需抢风头，浑身充满'采访对象友好性'，比艳压群芳的着装更重要。"

可以说，镇定、从容、大方是每个记者都应努力在镜头前所呈现的整体形象。出镜记者穿梭在正式与非正式场合之间，在这之中，记者需要始终如一地保持记者的专业性和亲和力，在任何场合下都要呈现出最好的状态。出镜记者的副语言所展现和影响的不仅仅是记者个人，记者还应该敏锐地发现不同的外貌元素有何含义，这些元素以何种方式存在，且以何种方式带来影响。古语有云，"坐如钟、站如松、行如风"，在出镜报道中虽不必如此，但这句话本身却暗含着我们从古至今对于人的仪容仪表的重视。注重出镜报道中副语言的表达，对于采访者与被访者乃至记者和观众都有着不可忽视的影响。

第五章　媒介融合时代出镜记者的职业展望

媒介融合对传统出镜记者和正在转型期的新闻工作者来说，既是挑战也是机遇。面对势不可挡的发展态势，县级以上的传统媒体纷纷成立融媒体中心，以积极的工作态度直面挑战，勇于尝试现代化和智能化的信息传播技术传播方式，发挥信息化传播作用。在未来的传播领域，出镜记者的工作将会在内容、形式、手段等方面逐步发生变化，以求适应用户需求和行业发展。

一、传统媒体必将衰落

CSM 发布的全国网收视率调查数据显示，2018 年我国 12.86 亿电视观众人均每天看电视时间为 129 分钟，到 2021 年，对12.81亿的电视观众进行统计后，这个数字下降至约 100分钟，3年的时间内人均减少了近半小时的收看时间。从这两组数据中我们明显可以看出，电视观众的规模在三年内基本保持稳定，但人均收视时长却在持续下降。那么在电视媒体数据中"消失"的半小时去了哪里呢？ Kantar Media Audience 中国区资深数据科学家郑维东的研究给出了答案——过去3年中，我国新增的 2.03 亿网民人均每周上网时长为28.1小时。这个增量相当于全国 12.81 亿电视观众在过去3年间人均每天增加了 38 分钟上网时间，这38分钟正好与前文提到的过去3年全国电视观众人均每天减少了的近半个小时的电视收视时间相平衡。[①]从

---

① 郑维东. 2021年中国电视产业发展报告——来自数字化与社会化视频的持续影响［M］//崔保国，赵敏，丁迈. 传媒蓝皮书：中国传媒产业发展报告.北京：社会科学文献出版社，2022.

这两组数据对比来看，电视媒体与互联网发展具有截然不同的趋势。随着新媒体的兴起和发展，传统媒体逐渐淡出受众视野，电视开机率总体持续走低，自身的局限性使得各大媒体纷纷重组，以融媒体的形式回归受众视野。未来，随着5G、6G等技术的不断突破，传统媒体很有可能会消失在大众视野。

（一）数字化时代将传统媒体推向边缘

当我们讨论"出镜记者"这个概念的时候，我们提到的年代是1963年（美国哥伦比亚广播公司的丹·拉瑟在11月22日下午以突发新闻的方式报道了肯尼迪总统遇刺事件，报道时长17分钟），距离现在已经过去了整整六十年。在这六十年里，人们的视野中从来不缺乏热点新闻和优秀的出镜记者，更被日新月异的传播手段所牵引、带动甚至干扰。我们在电视里看见了记者们出现在各大事件的新闻现场手持话筒，神情或紧张焦虑或欣喜欢悦，这种打开电视—选择频道—接收信息的过程由最初的聚精会神到互联网发展后的可有可无，受众们变成了用户。电视机虽仍旧是家里的大家电，仍旧占据客厅C位，但却不是用来展示出镜记者报道的设备终端了。因为它"只能"在客厅的C位，带不走也挪不动，无法与用户"同行"。

"线上"这个概念曾经被多数人认为是高科技的代名词，离自己很远，但似乎也只是弹指一挥间的工夫，传统媒体就已经被数字化包装的其他传播形式打得不知所措。4G和5G技术虽然在时间跨度上经历了十年，但并没有影响它们把大众从客厅里拉进网络，甚至可以毫不夸张地说，新媒体把用户们从电视机前连根拔起的同时还把电视机前地面上的坑也填平了。一时间，在国内的传统媒体的舆论一片唱衰。传统媒体会因为网络的出现湮没在历史长河吗？许多人认为这是不可能的，之后便在几个概念中穿插行走，试图说明传统媒体需要与网络结合形成新的传播形式，以这样的状态继续存在。而这种讨论的中心就是本书的主题之一——媒介融合。传统媒体已经开始进行媒介融合并无法回头，因为科技不会倒退、传播样态也只能前进。八十年代、九十年代的"一家人围坐在电视机前"的画面将逐渐成为回忆，曾经还有人把这种画面寄希望于一年一度的春节联欢晚会，目前看也未必乐观。

进入21世纪，先是以报纸为代表的传统媒体出现了颓势，近些年传统媒体的生存境况也让从业者叫苦不迭。清华大学"传媒蓝皮书"课题组在2016年发布的《中国传媒产业发展报告》显示出传统报业的"断崖式"下跌，全国各类报纸的零售总量与2014年相比下滑了41.14%，都市报类下滑幅度甚至已经达到50.8%；原本相对稳定的订阅市场在2015年也出现了加速下滑的趋势，由此带来的广告量方面的持续下滑的境况也就不足为奇了；传统媒体在2015年面临着市场萎缩和人才流失等现实的严峻考验，电视媒体增长乏力，马太效应凸显。经过了疫情期间的经济低迷，2022年的《中国传媒产业发展报告》给出的数据终于让我们对传媒产业恢复了一丝信心。报告指出了在2021年，中国传媒产业规模已经呈现出恢复性增长的态势，总产值达到29 710.3亿元，增长率从2020年的8.40%提升至13.54%，恢复到了2019年两位数的增长水平。但是从细分市场来看，究竟是什么产业带动了增长率的提升呢？收入超过千亿元且收入均保持稳定增长的行业有六个，分别是互联网广告、互联网营销服务、移动数据及互联网业务、网络游戏、网络视听短视频及电商。电视台已经退出了行业前五，且这种退步还在持续，并未停止。

数字化时代将传统媒体推向边缘并不是我们的预言，而是正在发生的事实，正视且接受这个结果并择法生存才能保证行业在阵痛中前行。未来的传统媒体出镜记者或将消失，因为传统媒体已无力孑然一身地存在。这不是否定了传统媒体存在的意义，更不是将传统媒体时代出镜记者的功劳狠心抹杀，因为传统媒体本身的局限性是显而易见的，在它与网络时代交锋的当下，对手强大无比，自己短板颇多，不转型就必死无疑。传统媒体时代的出镜记者采访必备三件套——话筒、摄像机、摄像师在网络时代已经不再是主角，越来越多的媒体开始更换设备去适应网络时代的需求。

"物竞天择，适者生存"同样适用于传媒产业。人们已经不再像过去那样依赖传统媒体来获取信息，互联网早已成为用户们的优先选择，生活、工作、学习……一切信息的需求均与电视无关。传统媒体消失的那一天，出镜记者也会失去其过去的重要性。

　　（二）传统媒体灵活度欠缺影响效率

　　在数码时代之前，纸媒、广播媒体和电视媒体作为主要传媒方式有着可圈可点的辉煌历史，而在如今的社交媒体盛行、数字化程度日益加深的情况下，这些传统媒体的弊端已经逐渐凸显出来。

　　首先，"录播"的形式使传统媒体缺乏实时性，尤其在新闻节目中会导致新闻事件的传递速度相对较慢。从出镜报道的整个制作过程来看，电视媒体现场报道是一项复杂的任务，需要经过多个步骤才能完成。首先，新闻采集是报道的第一步。在新闻发生现场，记者需要用摄像机拍摄画面，采访当事人获取信息，记录现场的各种情况。如果是重大事件，可能需要派遣多名记者进行采访，以获取更全面的报道。接下来，采集到的素材需要进行后期编辑，这是制作报道的核心环节。在编辑过程中，编辑人员会对采集到的素材进行筛选，把最有价值的素材选出来，然后对画面和声音进行修剪和处理，以达到最佳的效果。编辑完成后，报道就可以进入播出环节。在这个环节中，报道会先经过审核人员的多重审核，以确保报道的内容符合政策规定和道德标准，待审核通过后，这篇出镜报道才会通过电视进行播出。整个报道的制作过程非常烦琐，需要采集、制作、编辑、审核、播出等多个环节的配合，很多新闻甚至还需要等待第二天甚至更长时间才能在电视上看到。这就导致了传统媒体很难保证突发事件和重大新闻报道的及时性，无法满足现代人们快速获取信息的需求。与传统媒体相比，互联网上的新闻媒体就更具有实时性。当重大新闻事件发生时，互联网媒体可以在第一时间发布相关内容，实现快速传播。

　　其次，电视媒体的信息呈现形式保守单调。电视媒体曾经是人们获取信息的重要渠道之一，但由于它在信息呈现形式上无法与手段更加丰富的新媒体媲美，因此在很大程度上影响了观众的接受和参与度。电视媒体关于新闻的呈现形式向来比较单一，这是长期以来传统广电媒体的政治地位、播出制度和传播机制造成的，有它固有的规范和不能扩展的空间。我们在电视中经常看到的新闻是主播口播新闻和通过视频画面及配音呈现出来的，这种形式多年来一直没有太大的改变。在处理同一类信息时，电视媒体存在一定程度的"板式化"现象很多时候，相同的新闻信息在不同的电视媒体上几乎呈现出相同的模式。也就是说，受众选择观看哪个电视台并不会影响他们接收信息的效果，因为所有的电视台都使用了同样的方式进行消息传递，并没有自己的特色。而说到电视的视听效果，虽然多家电视的生产厂商推出了所谓"家庭影院"级别的电视音响系统并将其作为卖点，但在获取新闻的时候，这种配置似乎毫无作用。主要是因为新闻的表现手段无法使用更多的音效技术辅助传播，一方面是由于制作技术的问题，另一方面则是由于电视媒体本身的惯性，导致视听效果缺乏创新。至于交互性方面，电视媒体更是极难满足受众需求。我们最常见的电视媒体的"交互"呈现形式就是主持人播读观众的来信和留言，这种形式到目前为止还有电视台在使用，其效果可想而知。有些电视节目会在结尾处提醒观众利用"短信留言""微博评论"等互动环节进行交流，但是这种互动形式大多是单向的，很难达到真正的互动效果。

再次，由于电视媒体的定位是相对清晰、固定和独立的，因此不太适应跨平台传播的需要。例如，一篇报纸文章很难在电视上播出，一段电视新闻也难以直接转化成报纸文章。而对于互联网上的内容来说，这种限制就基本不存在。由于移动互联网普及和新媒体的兴起，用户可以在各种设备上消费和分享互联网上的内容。这使得跨平台传播变得非常容易，也更加符合当今人们分散化、多元化的信息消费方式，更加满足用户的个性化需求。总的来说，传统媒体之所以不够灵活，主要是因为其传播模式比较单一、信息呈现形式较为单调、并且不能够轻松地跨平台传播。而在当下新媒体飞速发展的背景下，传统媒体则需要不断进化，通过与新技术的结合，采用更加多样化、灵活的策略来吸引用户，并满足他们对于多元、丰富、实时信息的需求。传统媒体通常需要一定的时间来制作新闻节目或文章，而这种时间在当前信息时代已经变得过长。与此相比，新媒体可以更快地获取、编辑和发布新闻。此外，新媒体还可以根据读者反馈调整新闻内容，而传统媒体则需要更多的时间来进行此类调整。因此，新媒体更加灵活，更能满足读者的需求，这使得传统媒体的记者会显得有些落伍。

（三）传统电视媒体经济状况每况愈下

传统媒体的经济状况直接影响了整个行业的生存和发展，它在大范围内关乎整个电视台的生存根本，而细分下又关乎了每一个电视台工作人员甚至是家属的生活质量。电视台制作节目—观众收看节目—收视率提高或降低—广告投入增加或减少，这就是一个电视台的生存模式。这其中起决定性作用的就是收视率，它从一个电视台总体收视率的高低变化到以节目为单位衡量收视率的高低，这一个个数值就是广告商投放广告的绝对参考值。

因为PC、智能手机、PAD、智能电视一体机等设备的普及打破了电视节目只在电视荧屏上播放的格局，电视无"台"现象随即产生。当受众从固定的时间、固定的位置解放后，传统电视的收视率必然受到强大的冲击，随之而来的就是广告商纷纷转投更加具有影响力的媒体平台，广告投放的数字化和社会化视频对电视媒体的持续影响从多个方面得到表现，传播内容、传播渠道、视频终端、用户数量和营销效果等各个层面反映出来，使新电视产业景观与传统电视产业格局大不同。

中国电信发布的《2021年度中国电信数字家庭指数报告》显示我国城乡居民家庭泛智能终端设备数量逐年上升，其中包括但不限于：路由器、手机、平板电脑、台式电脑、摄像头、智能电视、智能音箱、IPTV/OTT盒子等。该报告指出，2021年户均使用以上终端设备1—5台的家庭占31.6%，6—10台的家庭占34.6%，11—15台的家庭占17.5%，16台及以上的家庭占16.3%；合计户均使用泛智能终端设备约9.2台。[①]这些数字中隐含了一个概念：传统电视媒体如果不搭载数字技术，将不再受到用户青睐。

根据中关村互动营销实验室的统计数据，2021年互联网广告和营销服务收入合计达11 608亿元，其中广告收入占5 435亿元，规模稳居传媒产业

---

① 2021年度中国电信数字家庭指数报告．［EB/OL］．https://new. qq. com/omn/20211229/20211229A09I0Y00. html.

大盘的核心位置；工信部给出的移动数据及互联网业务实现收入为6 409亿元，较上一年增长3.3%；广播电视广告及报刊行业规模处于持续收缩的状态，合并下降至1000亿元以下。

传统电视的缺点逐渐显现出来的同时，各大电视台是做过诸多值得肯定的努力的。

在制播分离机制的作用下，星灿公司制作的《中国达人秀》和《中国好声音》分别在东方卫视和浙江卫视播出并获得巨大反响，在收视和广告经营上获取了巨大效益，着实一度让电视媒体人亢奋了一把，似乎找到了电视媒体华丽转身并惊艳世人的良方。但这样的转变毕竟是少数，节目内容上的同质化现象让电视媒体终究难逃收视下滑。比如湖南卫视的《爸爸去哪儿》爆火之后，浙江卫视马上跟风制作《爸爸回来了》；浙江卫视2012年7月13日播出的《中国好声音》把歌唱类选秀节目推上综艺巅峰之后，湖南卫视马上在半年后推出《我是歌手》，把素人音乐选秀变成歌手选秀。关键是这些爆火的节目往往是买了其他国家的节目版权，本土原创少之又少。初次观看的受众还能保持一定的新鲜感，但也有相当大一部分观众是看过了国外原版节目后，带着比较的心态、批判的态度边观察边观看的。这批观众会更容易放弃圈粉，另寻他处。节目形式上的不同，并不会改变其娱乐的本质，追求短时利益的同质化跟风必定会引起用户的强烈反感。

电视媒体的表现手法、制作和播出流程的制约性以及捉襟见肘的财力支持使得节目得不到任何创新的机会，即便各电视台一直采取各种方式试图突破市场限制取得逆袭，无奈思维长期处于一种模式下的从业人员很难实现甚至是接受幅度较大的创新改革。2012年，坐拥巨大资源和人脉的国家电视媒体——中央电视台取得年营收总额280多亿元，而毫无行政级别可言的一个民营互联网企业——腾讯公司的年收入已然突破400亿元。巨大的差距摆在眼前，让电视人无法再回避掉陈旧的节目带给本行业的弊端了，纷纷呼吁不能继续在转型原因、必要性与可行性的探讨中兜圈子，而是需要跳出电视看电视，需要在媒体的视野下，立足长远，在战略的高度审视和把握整个电视产业的前途和命运，对于电视产业转型路径进行思考与辨析，用思路决定出路。

电视媒体兼有上层建筑和信息产业双重身份。一方面，电视媒体要做好党和政府的喉舌工作，为人民群众宣传和解读国家的路线、方针政策，为政治经济生活服务；另一方面，为了自身的生存和发展又必须兼顾经济创收。掌握公益性和营利性之间关系的平衡并非易事，一旦出现差错要么会伤及自身影响效益，要么就会降低媒体的公信力和影响力。国家级和省级上星频道的电视媒体由于其自身的优势尚可生存，而省级非上星频道和市级频道处在同城多台或小城小台的惨烈竞争中，他们的生存岌岌可危。根据CMS给出的2021年各级频道市场份额对比数据显示，中央级频道占市场份额的23.9%，省级上星频道占据31.6%，省级非上星频道为13.2%，市级频道只有4.4%。也就是说，即便把省级非上星频道和市级频道加起来的占比份额也只有上星频道的55.69%，并且五年内呈逐年下滑趋势。地方电视媒体覆盖面有限、发展空间小、资源不足、市场狭小等，这些从先天上决定了它所占的市场份额必定有限。一些四线以下城市电视台已经处于"零广告"的业务状态下，本就有限的广告商、赞助商早已将注意力转向新媒体和其他市场，企业编制员工收入堪忧，一些电视台甚至无法按时发放工资。

二、"内容为王"仍是传播铁律

"内容为王"虽然不是传播学术语，但是却深得传播界认可并被广泛使用。它是由美国维亚康姆集团总裁雷石东（Sumner M. Redstone）在1990年决定公司发展战略时提出的，他说的"谁做传送我不管，我就是要放上最好的内容，传媒企业的基石必须而且绝对必须是内容，内容就是一切"被认为是内容为王（content is king）的起源。这本是用来揭示网站生存之道的真谛，但用在对传媒领域尤其是传播效果的研究上也颇为适合。

移动互联发展迅速，大众还未从互联网技术的绚烂夺目中摸清传者与受者的边界，媒介融合中的媒体更迭又再次冲击用户眼球，传统媒体出现

"断崖式"暴跌、新兴媒体呈"爆炸式"增长。从"渠道为王""平台为王"的呐喊再到"内容为王"的回归，媒介融合将新变化带给我们的同时也通过蓬勃发展的社交平台、自媒体等现象让我们认识到，"内容"始终也必将永远是用户的终极需求。媒介融合之初，因为新奇的传播方式、多元化的传播平台，一些从业者认为"渠道"才是传播的王道，因为渠道代表着新颖的用户群体和多彩的传播方式，因此急于拓展传播渠道，包装传播手段。这种误区的产生是因为将"内容"与"载体"混为一谈，许多将图片、视频、互动板块融为一体的形式只是一开始用其花哨的外表吸引用户眼球，这种做法虽然积极地关注了"融合"的形式，却不容易长期留住用户的注意力。

媒介融合的技术手段和表达样态都在深入推进，出镜报道所依托的媒介环境、报道的内容形式以及用户获取新闻的渠道都发生了重大变化。我们甚至可以说媒介融合在根本上模糊了媒介之间的界限，我们不再区分哪些是电视受众群哪些又是广播受众群，传统媒体的"受众"概念由于整体环境的大迈进转变为"用户"概念，从"受"到"用"的转变直接表明了新闻接收主体的主动性已经升级，从之前的被动接受一跃成为使用者和选择者、你有权传播，而我未必有义务接受，用户使用与否不再被设备和媒体局限。真正能够被用户接纳和继续传播的永远都只有内容本身，因此，媒体从业者在融合化的媒介中要时刻注意保持精神上的清醒和行动上的理智，不能被形式化和多平台化的传播终端混淆了传播的本质。

多样化的传播环境中，新闻从业者的工作内容逐渐从传统媒体向融媒体过渡，"内容为王"的地位虽然不变，但它的内涵需要广大媒体人进行重构，从思想观念、工作流程、生产机制等多个层面入手，创新新闻内容的生产、呈现和传播方式，使之不仅适应媒介融合时代信息传播的新特点，更要适应迅速与新媒体达成一片的用户不断上涨的内容需求。这不仅是出镜记者在新形势下生存和发展的必要前提，也是提升新闻传播力和引导力、扩大新闻影响力和公信力的客观要求。

首先，要确保内容生产力并确保原创性。

媒介融合时代的出镜报道不能用传统媒体中的"传播消息"来简单界定，而是应该把这种报道行为看作是对内容的生产，有产品意识。想实现内容产品化，就要立足用户需求，创作出满足用户的优质内容。内容产品化，其特点是注重内容的及时性，保持内容形态的多样化，突出用户的真实体验。媒介融合时代对于传统媒体来说，最大的对手莫过于强大的自媒体大军。由于自媒体的视频输出需要面对的审核压力相对较小，无须经过从个人到部门主任到分管领导再到值班编委等的层层审批，内容生产门槛的大幅度降低为自媒体创作及时、出片快提供了保证，生产效能显著提高，因此"人人皆记者"的繁荣背景给广电部门的出镜记者带来了不小的挑战。但融媒体从业者所拥有的资源也是自媒体从业者无法比拟的，例如强大的技术手段支撑、完备的设备后盾、高标准的制作团队等，都是融媒体新闻工作者的立身之本。保证高产的出品才能够培养扎实的用户黏性，将对"质"的苛求延伸到对"量"的把关，用不断出品来占领有限的用户市场，保证品牌热度。

同时对于媒介主体而言，所推送的内容必须要确保原创性。这个时代对知识产权保护的呼声越来越高，产品的原创性内容对于驱动媒介生态环境的良性发展至关重要。新闻人，尤其是记者群体，一定要对泛滥的网络信息进行筛查和研判，避免被快人一步的自媒体牵着鼻子走，影响了自己的专业判断。"新闻"的特征在于"新"，出镜记者报道的新闻在媒介融合时代更是要抢在风口浪尖，不能发现滞后或忽视发现。在传媒技术得以应用以前，所谓的"新闻"就是人与人之间口耳相传的见闻和感受，时效性差、准确度更是有失偏颇。大众传媒产生之后，新闻成了广播、报纸、电视向大众传播有价值、有意义以及有社会影响力的重要信息。从那开始，媒体和受众都对"新"有了全面的要求。人们被"新"带动着思考，被"新"刺激着感官，同时也在内心更加期盼"新"的消息。"新"就是大众向各个媒体平台提出的最基础要求，他们打开电视和收音机、翻开报纸的那一刻，内心就已经对自己尚未知道的、但已经发生的事情充满了接收期待。对于同一个新闻事件，哪家媒体第一个报道，哪家媒体就更容易抢占收视率和信任度。如果能够持续进行新闻的第一手报道，那么这家媒体就必定能够成为受众获取新闻的首选媒体。

互联网和自媒体的产生，将传统媒体记者的"内卷"范围无限扩大，之前与"兄弟媒体"间的较量演化成了传统媒体记者与自媒体人士比速度、比时效。但有一些从业者开始依赖互联网的便捷，试图实现通过网络报道找新闻，试图实现"人在家中坐、新闻自敲门"，这恰恰违背了记者的职业准则。"原创"不是去网上通过别人的第一手报道去挖，不是被别人牵着鼻子走，而是要走进人群、走进活生生的社会，在事件的现场去挖掘和探究新闻真相。做主动的新闻采集者，而不是被动跟风者。如果放弃了主动性，只是围绕他人报道的新闻再加工，即便做得再漂亮、再生动，也会给受众一种信息滞后、毫无新意和创意的陈旧感。

"新"还应该包括产品内容报道的"第一个"之新——第一个对该新闻关注的记者、第一个报道该新闻的媒体、第一个深挖该新闻的平台、第一个对舆情实施调控和导控的新媒体。我们都知道，围绕同一事件的新闻报道，谁最先发布信息谁就抢占了"头羊"效应，被其他平台和用户转发、引用、评论的往往是第一条新闻。2016年年初，中共中央办公厅下发了名为《关于全面推进政务公开工作的意见》的文件，习近平总书记在同年2月召开的党的新闻舆论工作座谈会时就"舆情"工作做出过重要指示：在重大突发事件和社会热点问题发生发酵时，新闻媒体迅速公布信息、展开报道的行动更有助于化解危机、掌握主动。因此，无论是从产品的可持续性产出的角度出发，还是从媒介生存的责任和义务出发，对新闻事件进行第一手报道、对新闻内容进行原创性传播是媒介融合时代的立身之本。只有具备原创性的内容才能够打造内容产品的核心竞争力，在海量的新闻产品中脱颖而出，保持媒体出镜报道的生命力和不可替代性。

其次，要保持记者的发现力。

没有一双善于发现的眼睛，就没有一块产生优秀报道的土壤。发现力对于一个记者来说是成就优秀报道的前提，更是推动新闻事业进步的重要条件。众多自媒体从业者竭尽全力去发现生活中和社会中的点滴试图吸引用户眼球，从无到有、从小到大，一个个"事件""元素"甚至"情绪"已经被"小屏"使用者精雕细刻般地铺展于各个平台。对于新闻从业者而言，这是来自无数"外行"或"半内行"的挑战，这种挑战要求记者具备发现"金子"的眼睛，以更加专业的角度和态度报道。媒介融合时代的快节奏史无前例，自媒体在多个平台和层面上挖掘一切可以报道的资源，吸引用户眼球，并且有众多自媒体号取得了不错的成绩。他们不仅可以谈天说地，也可以聊家长里短，对于新出现的新闻事件更是第一时间给予关注和评说。

例如，中国在2022年12月逐步放开疫情管控的阶段，哔哩哔哩、抖音、快手、微信视频号等多个自媒体平台的up主（包含医生、护士、法律界人士、社会公知等）都争先恐后地对相关政策予以关注和解读，更多的up主则是第一时间对自己和身边朋友的经历和遭遇进行主述式的表达。这些视频内容长则5分钟，短则几十秒，但都是老百姓最关心的话题。随着疫情管控政策的变化和感染人数的增加，话题热度居高不下。作为专业的出镜记者，我们不得不承认在很多情况下受众已被自媒体大比重地分割掉了，因此更要求传统媒体记者在融媒体时代有着极强的发现力，比普通人看到的更多、更专业、更有价值。

小屏时代，用户对自媒体的关注空前增多。面对这样的用户现状，曾经在传统媒体奋战的记者们唯有加紧前进的步伐，利用融媒体优势，才能在巨大的信息洪流面前凸显专业本色。

南振中教授曾经提出发现力主要体现在六个方面。

"善于用发现或者找到世界上迄今还没有通过大众传播媒介广泛传播的、鲜为人知的新鲜事实；善于发现或者澄清社会上众说纷纭、莫衷一是的重大事件的事实真相；善于发现或者提炼出有助于解决当前各种困难和社会矛盾的新鲜经验；善于发现和捕捉给人以启迪的新思想，深刻地揭示改革开放大潮中人们观念上的新变化；善于发现和表现最能体现时代精神、对人们有极大的激励和鼓舞作用的典型人物；善于发现能够体现事物发展规律的新的苗头、新的动向，准确地预测和描绘事物发展趋势。"①

想要具备发现力，观察意识必不可少。我们号召出镜记者们，尤其是年轻的出镜记者们，一定要有发现新事物、探索新规律的热情。所谓观察，绝不是简单的瞟一眼、听一句，每一个有价值的现场报道背后都一定凝结了记者细致入微的观察过程。短视频的诞生似乎无形中拉快了用户们，尤其是年轻用户的思维节奏，越来越少的人愿意花时间在长视频和长文字上，身边的年轻人甚至会对三分钟以上的视频和100多字的短文产生"太啰唆"的抱怨。这种现象和思维习惯已经逐渐渗透到生活的各个方面，它与对观察的要求背道而驰，极易导致粗心大意、对有价值的新闻产生盲点。其实日常生活中，我们与新闻无时无刻不产生着连接。网购、去菜市场、就医、上学等各个社会活动中都充满了社会现象，记者在这些活动中要时刻保持记者的视角细心观察，从点滴中撷取报道素材。

2021年9月1日，中央电视台新闻联播的视频号报道了一则新闻，标题是：开学第一天，主播郭志坚也"上墙了"。视频时长1分26秒，往常坐在直播间里播新闻的主播身着便装手持话筒站在了小学校园的门口对开学日进行了出镜报道。"主播说联播，今天是开学日，我就在学校的门口说"，开篇就将热点事件一语道破，国家媒体新闻主播的身份让这条报道即刻具备了其他开学内容的报道所不具备的优势和热点。报道抓住送孩子上学的家长们攀在栅栏墙上向内观望的喜感画面引导出教育部"双减"政策落地的第一天，倡导学校为学生和家长减负。视频画面中家长们要么爬上护栏"登高远眺"，要么蹲在地上"缩头窥探"的千姿百态与记者的报道语遥相呼应，再配以关键词和字幕效果的加粗变色处理，让整个报道生动、风趣。制作团队用一双发现特色的眼睛成就了这则报道。

---

① 穆青.读南振中《记者的发现力》[M]//南振中.南振中文集——记者的发现力.北京：清华大学出版社，2018：I.

三、"一人一支队伍"型的出镜记者将成为未来的刚需

《中国应用电视学》中曾经把出镜记者分为四大类别。第一种，独立型。出镜记者独立承担整个节目的采编播工作。第二种，单一型。出镜记者主要或仅仅从事话筒前的报道工作。第三种，参与型。出镜记者参与节目的采编播各个环节。第四种，主导型。出镜记者是整个节目的策划者、组织者、采编者、体现者。[①]这种对出镜记者的分类是当初的传媒环境赋予的，但在媒介融合时代，出镜记者需要面对的将是一个全新的传播环境和"一个变多个"的更广泛的传播平台。目前的传播形式需要出镜记者处理"全媒体"带来的新问题，也要迎接"全球、全民、全媒"的大趋势给自己的职业带来的压力和危机。前面出镜记者分类中提到的"单一型"和"参与型"记者将会在未来的一线工作中被淘汰，"一人就是一支队伍"的全能型出镜记者才会成为时代的首选和中流砥柱。

全媒体时代的新闻出镜报道，效率就是一切，拿到新闻的"首家"或"独家"报道靠的就是记者的"眼疾手快"。今晚报社全媒体专职记者何欣曾经在《全媒体时代，需要怎样的记者》一文中讲述了他在转型期是如何以一己之力完成一个出镜记者的自我"改造"的。

何欣曾在2015年做过一条题为《300毫升罕见P型血顺利抵津》的视频新闻，当时天津泰达国际心血管病医院为辽宁省罕见P型血先心病患儿于文昊做手术，上午11点，何欣开车到达天津南站等候运送P型血的高铁列车。当时等候在月台上的来自天津、辽宁、江苏各路媒体记者有几十人之多，可见这条新闻的重要性。12点06分列车抵达天津南站，12点11分，也就是5分钟后，何欣"抢"到了第一手的视频和图片资料。这时候的他并没有离开现场，为了能够做该条新闻的第一个发布者，何欣在月台上的一个角落里"现场办公"，一气呵成地完成了视频的编辑制作和采访笔记整理工作后立即将报道传回网站发布，保证了新闻报道的时效性。这次报道是由记

---

① 朱羽君，等.中国应用电视学［M］.北京：北京师范大学出版社，1993.

者一个人单独完成的，在全程没有需要第二个人帮忙的情况下，一篇报道就以最快的速度新鲜出炉。

中央电视台总台驻纽约记者徐德智在他任央视驻叙利亚大马士革驻外记者时，曾经对2018年4月14日"美英法空袭叙利亚"的新闻事件进行直播报道。当天上午9点，美国联合英国和法国，以叙利亚政府军涉嫌使用化学武器袭击平民为由，对叙利亚展开了军事打击。央视新闻新媒体值班人员迅速联系徐德智在大马士革发起移动直播。这场移动直播从总台编辑得知空袭消息到记者直播开始，整个过程用时不到20分钟，高效、高能的行动力和报道手法突出了新媒体移动直播快速反应的特点。徐德智站在一家酒店的阳台上，第一次采取了大小屏同时直播的方式。大屏是与总台进行直播连线的电视，小屏是他用手机进行的导报以及整个与大屏直播连线的过程，同时也相当于大屏直播的幕后花絮。当天的移动直播持续接近三个小时，徐德智以伴随的方式完成，过程中随时针对网友留言进行解答和互动，充分实现了小屏直播报道的最大优势。试想一下当时的场景：在距离叙利亚近7000公里的中国百姓拿着手机关注着遥远距离之外的一场战争，有权威媒体记者进行直播解读，同时又能看到现场的硝烟弥漫，在这基础上，用户还能实时与记者互动。这种同场感强、时效性佳的直播报道瞬间让点击率飙升，截至直播结束时央视新闻各平台观看量为3 584万人次，触达用户量为5 922.2万人次。这次直播报道来得及时、做得精彩、赢得漂亮，徐德智在这场大小屏套播的"战役"中一人承担了数个工种——出镜记者、摄像、导播、编辑、新媒体移动直播、卫星传送工程师等，充分展现了央视记者一专多能的特点，创新了媒介融合时代的传播方式，当之无愧为伴随式新媒体移动直播的经典案例。当时观看直播的用户纷纷在直播间留言，有询问战况的，有关心整体局势的，更多的是叮嘱记者注意安全，凸显了直播互动中的情感诉求。此次现场报道是用最小规模的"团队"做了最大意义的报道，在行业内部为每一名出镜记者都树立了极具影响力的标杆形象，也印证了在记者个人能力突出的前提下，"一人就是一支队伍"的工作模式是完全可以实施的。

想要做到"一人就是一支队伍"，重塑职业理念至关重要。

从业人员深知传统的传播格局已经被打破，市场竞争和行业竞争都空前激烈，坐以待毙只能节节败退。全媒体记者必须具备全媒体思维，过去的"我发布你接受""我教育你接受""我批评你接受"的居高临下的姿态在新媒体的大环境中早已不被用户认可甚至十分反感。因此要求出镜记者们要把"用户的实际需求"同时也是合情、合理、适时、适度的需求上升为必须遵循的原则，对不尽合情、合理、适时适度的需求要用适度的手段加以正确引导，发挥新闻媒体的舆论导向和监督作用。有部分记者在长期错误观念的影响下，逐渐失去了记者的初心，认为自己掌握了话语权和舆论的制高点，对待"群众需要"和"受众需要"缺乏认真、负责的态度，用"自以为"的创作思路去报道新闻、传播消息。传统媒体互动性差的情况下，这种缺乏正确职业理念的工作应及时将单向传播转变为人性化的综合服务，打破"俯瞰"模式，将用户需求放到传播消息的核心地位，根据各传播终端用户接收信息时的不同喜好和特点，在遵守职业道德和准则的前提下提供个性化和差异化的服务。

新媒体虽然为全社会的信息传递提供了最快捷的通道，但也为不实消息和误导性消息的散播提供了多种可能。海量信息出现在用户面前的时候，能够一眼便判断出真伪的人并没有很多，尤其在利益的驱使下一些自媒体从业者故意编造新闻骗取点击率，导致缺乏判断能力的用户群体难辨真伪。这种情况下仍然需要职业新闻人引导用户，因此媒介融合时代的新闻人的职业价值不应该被社会或自身弱化和消解，反而应该迎难而上，因为记者的职业优势以及存在的意义不在于他们使用了多么高级的技术手段，而是因为受众（用户）有对于信息的需求。面对新媒体中的海量信息，他们最需要的不是五花八门的哗众取宠，而是专业建议和报道。

"一人一支队伍"离不开技术方面的学习和提升。

首先，出镜记者要善于运用掌握网络直播技术。

出镜记者自身的综合业务能力直接关乎新闻播出的时效性。人手一部手机、人人皆是记者，融媒体的出镜记者们必须将自己锻炼成全才，关键时刻以一己之力便可以完成一条新闻从发现到采访再到编辑制作的全部过程。目前的科技手段丰富，网络直播、VR、AR、H5、人工智能等新技术不断产生且更新换代迅速，这些技术手段为现场报道的多样性提供了更多的支撑和帮助，也是新媒体平台吸引用户眼球的必要手段。先是《人民日报》的"中央厨房"，再有云南广播电视台"七彩云"融合媒体平台以及湖北广播电视台的"长江云"，融媒体技术在国内电视行业内的广泛运用推动了现场报道的新变化。如今的电视观众转移到便携的小屏设备，通过微信直播、网络直播、移动直播等手段观看出镜报道，部分出镜记者和主持人更是在直播赛道上跑出了新名气、赛出了新成绩。尤其是在重大活动和赛事的报道中，越来越多的用户倾向于收看网络直播报道，因此记者掌握直播技术是未来业务的刚需。

移动视频直播技术使传统的现场报道具备了实时互动性、开放性、真实体验性、多样性和便携性等特点，如今已经成为越来越多用户的首选观看平台。实时、双向的互动交流是这种直播技术受到青睐的关键所在，用户既能与主播沟通也可以与其他用户之间进行交流，这种交流虽然仍是通过某种设备实现的，但与传统媒体的单向性比起来还是迅速拉近了人与人之间的距离，用户对社交的需求获得了极大的满足。移动视频直播技术现场报道在网络社交、专业媒体融合应用等方面仍然存在巨大的成长空间，未来也必定有更加先进的技术手段使现场报道呈现多样方式。因此对于出镜记者来说，在媒介融合时代掌握必要的技术手段是不被行业淘汰的前提。

其次，要精通音视频拍摄和编辑软件，实现快速成片。

传统媒体记者应该提高自身核心竞争力，适应媒体产业链立体传播的需求。很多文字记者对文字有感觉，但在对视频、镜头的推拉摇移、电视剪辑等方面是门外汉。向全媒体记者转型，就要有从零开始的学习精神和勇气。视频新闻和电视新闻有相似之处，文字记者在掌握基础的视频技术之后，要下功夫对电视编辑有所钻研，运用好镜头语言，掌握视频技术、电视编辑技术。

自20世纪90年代以来，中国电视新闻的传播格局几经发展和变化，新闻报道的手段和方式也随着时代的发展逐渐更新。曾经的多工种分时制作被一体化制作取代，节省了人力、物力和诸多不必要的衔接时间；多机位分工合作得以应用，更多的细节通过不同机位得以展现，有助于观众增加身临其境的感受；非线性编辑替代了线性编辑，画面质量得以保证、编辑的工作效率得以提高；在线切换技术被更多地应用在各种场合的报道和节目中，大大节省了后期制作的人力和时间。数字技术时代的到来让采访和拍摄设备越来越便捷化，之前的摄像师多是男性，肩扛手提沉重的摄像机与出镜记者深入新闻一线，这需要非常好的体力和耐力。在那个时代做一则出镜报道的新闻，不带一位摄像师是绝不可能完成任务的。现在的技术则将摄像工作变得轻松便捷，必要时刻，出镜记者完全可以用自拍来完成摄像任务。

目前的摄像设备主要是单反相机甚至是手机，而手机是最适合出镜记者自己来完成摄像工作的设备了。它携带方便，上网简便，适用各种直播软件。媒介融合时代的出镜记者掌握拍摄技能、学会用画面语言叙事能够有助于消息的传递和内容的表达。既要加强个人特色、独家观点，也要加强资讯整合能力，关注有声语言的报道内容的同时学会用镜头补充重要的新闻信息，防止只拍自己不拍新闻现场或者手忙脚乱毫无针对性的拍摄。通过镜头语言帮助增加新闻厚度，来提高传播价值，形成有价值的品牌效应。

在媒介融合时代，做到"一人一支队伍"的出镜记者对数字化的运用不仅指使用数字技术来进行报道，还包括数字化的新闻生产和传播过程。熟练使用编辑视频的软件是保证新闻报道能够传播的关键所在。常用的视频后期制作软件有 Adobe Premiere、Edius、Avid Xpress Pro、Sony Vegas Pro 与 Final Cut Pro。比较大众的、容易操作的视频后期制作软件是Adobe Premiere、Edius、Sony Vegas Pro。而Avid Xpress Pro 与 Final Cut Pro 属于更高质与专业的制作软件，同时售价也相对较高。

Adobe Premiere 是 Adobe 公司推出的一款非线性视频编辑软件，使用者多称之为PR。比较常用的版本有CS4、CS5、CS6、CC 2014、CC 2015、

CC 2017、CC 2018、CC 2019、CC 2020、CC 2021、CC 2022以及2023版本。这款软件有着让用户满意的较好的兼容性，可以与 Adobe 公司的其他软件互相配合使用。它可同时进行视频剪辑、音频处理以及增加特效等多项操作，操作简单易上手，有助于提高视频制作的效率，一个人即可完成整条视频的剪辑工作。这款软件的基础功能都是免费的，基本可以支撑多数类型视频的剪辑和制作，性价比极高。

Edius是美国Grass Valley公司推出的非线性编辑软件，专门为广播和后期制作环境而设计，特别针对新闻记者、无带化视频制播和存储。Edius6能够支持所有业界使用的主流编解码器的源码编辑，它强大到可以将编码格式不同的视频在时间线上混编且无须转码，用户不需要经过渲染就可以预览各种特效。Edius同样比较容易上手操作，并且它在导出新闻素材方面具备较快的速度，能够帮助制作人员节省时间、提高工作效率。

由Avid 公司开发的一款名为Avid Xpress Pro的工作站软件系统，是一种基于硬盘的非线性编辑系统。此软件所有的视频数据处理都采用JPEG形式进行压缩，具有强大的特技效果制作和音频编辑功能，它把传统的编辑机、特技机、字幕机等功能集于一身，使得在原来传统制作过程中的机械磨损、机械误差减小到最小。起初，它的适用范围很小且十分单一，仅适用于苹果电脑，而非其他电子设备及其他电脑系统，因此，Avid 公司为扩大Avid Xpress Pro的适用范围，以此增加其使用频次，Avid 公司研发了 PC版。所谓PC版，泛指所有的个人计算机，如桌上型台式电脑、笔记本电脑，或是平板电脑、超极本等均属于PC版的范畴。如此一来，Avid Xpress Pro的适用范围便有所扩大，客户的使用感也大幅度提升。但与此同时，Avid Xpress Pro也具有局限性，PC版的运行一般都需要搭载于苹果系统，而且，只有能支持 ASIO 驱动的音频卡的PC电脑才能够正常运行Avid Xpress Pro。苹果电脑的运行条件相对于PC版较为简单，使用带有主处理芯片的板载声卡即可运行，板载声卡集成在电脑主板上，相对于独立声卡而存在，很多音效处理工作就不再需要CPU参与了。就视频剪辑方面而言，较大的视频文件都会选择Avid Xpress Pro 来进行处理，例如技术含量高的电影、大型电视节目及篇幅较长的电视连续剧等。全媒体新闻曾报道，篇幅较长的视频资料适合采用Avid Xpress Pro进行编辑与剪辑，但因其价格十分昂贵，其应用的广泛性较差，通常适合大型的专业新闻机构进行使用。

Sony Vegas Pro 是 PC 端入门级专业影像编辑软件，其开发者为索尼公司。这款软件把影像编辑与声音编辑功能整合到一起，具备其他软件所没有的无限制的视轨与音轨，主要面向的是有需求的专业人员。它提供了视讯合成、进阶编码、转场特效、修剪及动画控制等。Vegas Pro自带交互式教学的帮助系统，能够提供给新手入门级的学习和体验。Sony Vegas Pro能够对视频素材进行剪辑合成、添加特效、调整颜色、编辑字幕等操作，还能够对视频素材进行录制声音、添加音效、处理噪声等音频处理，适用于全媒体新闻报道的一般剪辑。尤其是自媒体的视频新闻，利用这两种软件进行制作快捷又方便。

Final Cut Pro 同样也是苹果电脑专有的视频剪辑应用软件，与Avid Xpress Pro 类似，但不同的是，Final Cut Pro拥有操作界面简洁、技术专业而强大的功能。在视频剪辑的过程中，Final Cut Pro可向用户提供流畅的视频剪辑、组合多种镜头、对视频原始素材的内容进行自动分析、添加特效等等操作，大大提升且加快视频素材文件的准备速度、提高视频的流畅度和专业度，以及增强用户的体验感。Final Cut Pro将革命性的视频编辑与强大的媒体组织和令人难以置信的性能相结合，超越传统的基于轨道的视频编辑。同时，还具有自动颜色编码和基于角色的灵活布局，使得剪辑师在剪辑的过程中更为灵活与便捷，可按照个人的喜好和习惯对视频进行脚本素材的扫描及原始数据的创建和生成，并通过标签可以对视频素材进行分类、筛选、搜索等一系列编辑。

四、风格鲜明的出镜记者将更加受到青睐

"风格"一词被使用的范围非常广泛，形容一个人的文笔、设计类型或者独特于其他人的表现、打扮、行事作风等行为和观念等等。这个词在西方文字中最初是被拉丁文由希腊文引入后相继传入其他语言中的，拉丁

文选取了希腊文关于这一词的"雕刻刀"的含义，最初用来表示一种组成文字的方法，也比喻用文字装饰思想的特定方式。

风格一词在我国最早出现在汉魏时代，在当时用来评价人的体貌、德行的行为特点。比如在《世说新语·德行》中评价李元礼"风格秀整，高自标持"；《晋书·庾亮传》曾赞美庾亮"美姿容，善谈论，性好《庄》《老》，风格峻整，动由礼节"，这些都是将"风格"用来评价人。南北朝时，北齐文学家颜之推的传世代表作《颜氏家训·文章》中开始用"风格"品评诗文："古人之文，宏才逸气，体度、风格去今实远。"这里的风格指的是文章的风范格局。我们所熟知的刘勰的《文心雕龙·体性》又将"风格"引进了文艺理论和批评之中。

由此可见，"风格"一词由来已久且渊源颇深，无论是我国还是西方国家都视风格为某种人或事物区别于其他人或事物的重要标志。放到出镜报道中来说，除了新闻本身的内容以外，出镜记者利用自身的风格特点来增强现场报道的可视性和感染力，以及体现与采访内容的统一性。视频媒介突破了单独靠声音呈现信息的局限，将"视觉"元素融入其中，"吸引眼球"是视频节目与用户建立连接的必要条件。因此"好看"的采访才能吸引受众，这种"好看"不只是正在报道的新闻事实本身带来的，其中有相当大的一部分原因是出镜记者本身是否受观众（用户）欢迎。流于平淡和照本宣科的报道不仅抹杀了新闻本身的新鲜感，更会使整篇报道变得索然无味，长此以往，由这样的出镜记者报道的新闻自然也会失去用户黏度，被市场淘汰。

媒介融合时代的镜头里有形形色色的传播者，无处不在的网络和智能设备就像整个世界的空间限制被打破了，你来我往的信息传递中穿插了庞杂的内容和形式。出镜记者报道在浩如烟海的信息世界里寻找立足点已经变得不像之前那般容易，他们不仅仅要与同行竞争，更要与善于推陈出新的自媒体人士竞争，而后者似乎更加具有竞争力，也更容易在用户心中留下深刻的印象。出镜记者在采访活动中由于自身素养、个性的不同以及采用鲜明的语言符号和非语言符号给观众呈现出的不同表达，必定会形成自己的采访风格。独特的采访风格会把一位记者打造成明星记者，比如杨春、蒋林、何盈、王春潇、王冰冰等出镜记者们正是具备了鲜明的个人特色才会在受众（用户）心中影响颇深并带动了节目的点击率。因此，出镜记者想要获得受众（用户）的肯定，风格鲜明是至关重要的标准。

（一）善于与受众（用户）互动更受欢迎

当前的媒体环境下，出镜报道已经不再是单向输出，它更多地凸显了人际交流特点，既是消息的传递又是核心价值观的引导。媒介融合时代的小屏互动报道增多，极大满足了用户们对互动性和社交性的需求。利用电视直播、网络直播等技术手段，电视新闻出镜报道充分发挥跨越时空的能力和符号共享的优势，无论大事小事都会以直播出镜报道的方式呈现新闻内容。

对于电视新闻记者来说，"互动意识"绝对是一个在媒介融合时代之前想都不曾设想过的概念。广大受众（用户）在新的传媒时代背景下由技术赋权，在互联网文化语境中，获得了从未有过的举足轻重的地位。以前的"受众"从被动接受信息转变为主动参与新闻生产。例如在直播报道过程中，出镜记者有时与直播间的主持人实时连线互动，同时也会利用直播平台与观众（用户）进行交流，回答网络直播间内的用户提出的疑问。观众（用户）在观看记者报道的同时可以直接以评论、连麦、发弹幕等新型互联网互动模式与出镜记者实时直接互动，在这种人际传播的拟态环境中，出镜记者改变了传统的话语样态，开始以观众的参与为手段，以观众的取向为主导，呈现出一种主持人、出镜记者、观众三方"对话"的姿态。利用这种方式，观众（用户）也参与到了整个新闻的播出中，通过这种"互动性"把互联网语境下传者和受者之间的界限模糊化，展现出了媒介融合时代下虚拟、交互、平等、开放和共享的传播特点。

面对受众（用户）积极的互动活动，善于沟通和利用这种互动性的记者可以根据观众（用户）的实时反馈意见调整话语内容和话语方式，合情、合理、合规地满足观众（用户）多方面的需求。这样既可以调动受众（用户）持续参与的积极性，也可以使出镜记者在受众（用户）心中树立起认真负责的传者形象。

对于这种现象，一些业内人士存在着新闻报道趋向"泛娱乐化"的担忧，认为新闻的严肃性被这种群体互动打破了。但无论如何，技术的突飞猛进已经将"新闻报道"推向了市场。2020年11月15日，四川观察原主持人、记者杨东昊在四川省甘孜藏族自治州理塘县进行了一场直播连线采访报道，采访的对象是因为一段十几秒的视频突然爆火的藏族小伙丁真。当时的丁真正处在舆论和关注的风口浪尖，原本过着普通康巴汉子生活的他几乎一夜蹿红于网络。喜欢他的网友不计其数，与此同时一些不利的传言也在网络上开始蔓延。一方是刚刚成为顶流网红却还清澈懵懂的受访对象，一方是热情如火、对丁真狂热追捧的网友，夹在中间的杨东昊如果不能够平衡二者之间的关系，那直播的后果可想而知。直播从当天下午3点30分开始，总时长为54分20秒，播放量400多万。记者在直播过程中很好地与网友进行了互动，同时又保护了丁真。例如：

直播连线的一开始，记者就把自己和受访者以及网友的关系通过给丁真的小马取名字建立起了一个连接。他从丁真处得知小马还没有名字后，就向直播间的网友发起了互动邀请——为丁真的小马起名字。但这并不是一个完全开放式的邀请，记者从这第一个互动开始就向网友们明确了一个原则：一切决定都以尊重丁真本人的意愿为前提。因此他说："最后起什么名还得丁真说了算。"这句话奠定了今天互动的基础，为接下来的互动过程中自己一次又一次地保护受访对象的行为开了一个很好且合理适度的头。

在有网友问到丁真的生日时，杨东昊马上给予了反应，帮助网友问丁真的同时也告诉丁真这是个人隐私可以保密。在丁真选择了保密的情况下，杨东昊并没有将网友的这个互动问题搁置不理，而是回复网友："……生日现在要保密，但是哪一年大家可以自己算一下。你看，今年是2020年，他20岁，那证明丁真是个00后，应该是00年生的……"在受访对象明确表示不想回答这个问题的时候，记者没有让网友失望，还是积极地以一个同样对这个问题感兴趣的立场帮助网友推算了丁真的出生年。

类似的情况在整个直播连线的过程中还有很多，杨东昊面对直播间里频繁提问的网友保持了非常积极的互动状态，这种互动的重点在于让网友明白记者是关注他们的提问的，也是会把他们的提问带到被访者面前的，这一点对于网友来说至关重要。因为网络时代的便捷能够让用户最快最精准地获得信息，网友更是希望通过在直播间内的互动获得到主持人或者记者的关注，把自己的提问放进整个采访的环节中，获得实实在在的参与感。这样的心理也是互联网用户在互动中的"C位情节"，希望自己能够行使"指挥"主持人提问的权利，同时也满足自己对信息的饥渴。

在市场经济的大潮中，新闻报道的参与者已经发生了变化，如果新闻真的出现了"泛娱乐化"现象，我们也只能暂时接受它是"市场经济改革催生的消费主义与多元生活方式在持续发展过程中出现的结果"[①]，传统媒体转型后必然要将受众（用户）的视觉愉悦和情感需求作为增强客户黏性、争夺市场份额的重要考量因素。出镜记者要学会利用互联网直播优势通过互动环节展现自己的个人特色，形成记者与受众（用户）间的良性交流循环。在互动过程中，越是愿意将受众（用户）的感受放在第一位的记者，越容易掌握流量密码。通过互动，可以更好地了解读者的需求和反馈，进而更好地调整报道的方向和内容。

（二）vlog将成为出镜报道的有益补充

2009年，vlog一词被收录进韦氏大词典，解释为"a blog that contains video material"[②]（含有视频元素的日志）。vlog是博客的一种类型，它的全称是video blog或video log，它用视频代替文字或相片记录生活并上传到网上与其他人分享。视频的拍摄手法一般采取自拍或他拍的形式，后期需要一定的剪辑技术才能将vlog编辑为一个完整的可以发布的作品。

对于新闻节目来说，vlog这种形式似乎隐含着一层娱乐氛围，但却不是不能够被接受的。媒介融合时代最重要的就是"融合"，新闻节目也需

---

① 谈华伟，杨涛.中国电视新闻出镜报道发展的社会动因［J］.中国广播电视学刊，2022（2）.
② 摘自《韦伯词典》电子版.

要推陈出新，不应该拒绝创造，更不应该拒绝新颖的表达方式。出镜记者扮演的角色在信息爆炸的时代显得越来越重要，一个成功的出镜记者可以塑造一个成功的栏目品牌，也可以带动整个行业在大众视野中获得更多的关注度。"工欲善其事，必先利其器"，用全新的手段展示自己，让自己本身成为受众（用户）观看新闻报道的一个原因，不失为在新媒体中脱颖而出的有效途径。因此，新闻工作者们开始涉足vlog的拍摄，以期获得更多新媒体用户的关注。

2019年11月11号，中央电视台新闻主播康辉站在中央广播电视总台门口发布他的第一支vlog："Hi，大家好，我是康辉，这是我的第一支vlog。"一个昔日端坐在"新闻联播"直播间里的国字脸主播身着便装站在单位门口，面带笑容、亲切自然地跟大家介绍起即将要进行的工作，任谁都要拿着手机多看几眼。整个vlog长度2分50秒，康辉一直采用自拍的视角，走进单位大门—上楼梯—进入办公室—收拾行李。时间不长、事情不少，康辉在有限的时间内向大家介绍了出行前自己需要做的准备，连行李箱里的随行物品都一一介绍。这支vlog里的康辉跟"新闻联播"中的新闻主播康辉有着很大的区别，让网友们从另一个侧面了解了新闻播音员，更从这支vlog知道了"大国外交最前线"。这支vlog在当时迅速占领了微博热搜，微博话题"康辉的第一支vlog"阅读量达到了2.9亿，讨论量达到了9.8万，引起了网友的强烈反馈，也引发了全网的关注。到今天，"大国外交最前线"的微博粉丝已经达到47.7万，康辉的第一支vlog打开了这个账号的流量大门，网友们通过主播们的一支支vlog了解了我国的外交动态，也了解我们的大国风范。

vlog传播速度快、互动性强，它不仅能够为广大网民提供更加丰富的台前幕后，而且还能使人们对事件有更多的了解和认识，有助于对vlogger进行更加立体化的了解。它着重体现的是个体特性，围绕vlogger本身进行个性化的渲染，因此这种视频形式的追捧者多是90后和00后的年轻群体。在新闻传媒领域中使用vlog正是利用它的优势以小屏年轻用户喜欢的方式进行消息的传递，使更多的年轻人能够成为新闻节目的粉丝。

　　未来出镜记者之所以需要重视vlog的运用，首先是因为vlog新闻具有极其鲜明的个性化和第一视角拍摄的参与性。也就是说vlog所表达的内容是更趋近于主观的，是以第一人称来进行消息传递的。个性化的展现方式容易改变受众（用户）对新闻的刻板印象，通过了解新闻主播或者出镜记者的鲜活、真实且生动的时刻，喜欢上vlogger本人，继而对他们个体的主动发声和积极表达产生长期的兴趣。这种"粉丝效应"是互联网的副产品，但如果将其合理利用，会让出镜报道的记者们在专业领域开辟出新的播报路径。

　　其次，vlog在目前新媒体传播中具有强大的影响力。出镜记者应该将题材从时政新闻报道的台前幕后的单一内容中寻求突破，保持内容的新鲜感，防止受众（用户）流失。流水账式的叙述虽然简单易行、出片快，但容易陷入同质化的怪圈，失去了vlog本该具备的辨识度。在题材和内容形式上，vlogger仍有很大的创作空间，敢于突破藩篱才能抓住创作的精髓。

　　另外，出镜记者在vlog中将他们眼中的生活的原本样子记录下来，是与受众（用户）建立情感连接的最有效的手段，这也是vlog最初产生的意义。把vlog这种形式运用到新闻报道领域时也必须依靠vlogger（记者）的个性化表达，才能够塑造出明星记者和流量报道。主流新闻媒体的记者在新媒体如此活跃的今天，必须从传统的报道思维中转变过来，抓住vlog的热度，把过去新闻对客观事物的简单描述的方式转变为受众都能够感受到对话的场域。对于主流媒体的出镜报道记者来说，让过去对着镜头一板一眼地报道新闻事实的他们用放松自如的状态以自拍角度展现个性自我是有难度的，但如果找到了这两者之间的平衡就很容易在受众心中留下深刻且鲜明的烙印。让"硬新闻""软着陆"，出镜记者们才能玩转vlog。

　　2021年7月5日，央视记者沈忱、杨新禹、江雨晨、李增仁和李亮在央视新闻客户端发布了一则6分17秒的时政vlog：《在"祖国心脏"里"熬夜"是有多难忘》。2021年7月30号晚十一点开始，央视有近千名记者开始进入天安门广场为庆祝中国共产党成立100周年做报道前的准备。这篇vlog就是记者以自拍的角度讲述自己的准备工作的。vlog从记者们坐上大巴车开始记录，在广场外等待的时候，记者沈忱甚至在镜头中打了个哈欠。对于这次半夜的行动，杨新禹说："我们都说年轻人不要熬夜，但是我们有一个非常正当的熬夜理由，就是参加这个一百周年的大会。"这种体现出记者鲜明的个人特色，并把生活和工作结合展现的vlog形式能够有效地实现新闻的软着陆，吸引年轻用户群体关注新闻、关注时事。

需要注意的是，vlog这种形式无论长短，都需要持续性输出，因为观看vlog的多是年轻受众（用户），他们的热情易被点燃但也极易消退，通过持续性地建立连接才能够增强客户黏性。因此不能让vlog的发布频率跟着新闻选题走，因为选题不是每日都有，但受众（用户）却是每日都在。出镜记者要主动创作内容，维持账号活跃度。

参考文献

［1］宋晓阳.出镜记者现场报道指南［M］.北京：中国广播电视出版社，2008.

［2］童宁.电视记者新概念［M］.北京：中国广播电视出版社，2004.

［3］雷蔚真，朱羽君.电视采访学［M］.北京：中国人民大学出版社，2018.

［4］刘培.21世纪出镜报道与新闻主持［M］.北京：中国人民大学出版社，2019.

［5］胡君辰，郑绍濂.人力资源开发与管理（第三版）［M］.上海：复旦大学出版社，2004.

［6］宋晓阳，刘威.大小屏现场直播报道案例教程［M］.北京：中国广播影视出版社，2021.

［7］崔林.电视新闻直播报道：现场的叙事［M］.北京：中国传媒大学出版社，2012.

［8］谢耕耘，曹慎慎，王婷.突发事件报道［M］.上海：上海交通大学出版社，2009.

［9］陈永庆.现场报道：电视新闻的重器［M］.北京：中国传媒大学出版社，2019.

［10］易剑东.大型赛事报道与媒体运行［M］.杭州：浙江大学出版社，2008.

［11］［加］马歇尔·麦克卢汉.理解媒介——论人的延伸［M］.何道宽，译.南京：译林出版社，2011.

［12］宫承波. 媒介融合概论（第二版）［M］. 北京：中国广播影视出版社，2016.

［13］王菲. 媒介大融合［M］. 广州：南方日报出版社，2007.

［14］朱羽君等《中国应用电视学》［M］. 北京：北京师范大学出版社，1993.

［15］张成良. 新思路 新方法 新理念——评《新媒体素养论——理念、范畴、途径》［J］. 新闻研究导刊，2016（04）.

［16］谈华伟. 移动资讯直播出镜记者的语言特点［J］. 青年记者，2019（6）：63-64.

［17］黄杰海. 让出镜记者"融入"现场.［J］. 现代传播（中国传媒大学学报），2006（6）.

［18］王晓霞. 全媒体记者的素质能力与培养路径［J］. 新闻传播，2022（20）.

［19］谈华伟，杨涛. 中国电视新闻出镜报道发展的社会动因［J］. 中国广播电视学刊，2022（2）.

［20］穆青. 读南振中《记者的发现力》［M］//南振中. 南振中文集——记者的发现力. 北京：清华大学出版社，2018：Ⅰ.

［21］丁文娟. 新闻采访中的语言表达技巧应用研究［J］. 采写编，2022（04）：23.

［22］张庆胜. 论新闻报道的思路特征［J］. 江西财经大学学报，2008：100.

［23］李梅. 新媒体环境下主持人媒介形象的变异与重构研究［D］. 西安：陕西师范大学，2021.

［24］欧阳霞，王江城，白龙，等. 情绪、信任、行动：建设性新闻本土化传播效果的实验研究［J］. 国际新闻界，2021：73-89.

［25］韦芝枫. 浅谈如何做好电视新闻出镜报道［J］. 视听，2018：137-138.

后　记

　　2022年年中，在吴晓东老师的鼓励和大力支持下，我和周美慧老师开启了我们第一本著作的创作之路。从我们接触媒介开始，无论是在电台、电视台的工作，以及之后开始的教学工作，我们目睹着传媒行业犹如一个变化莫测的水晶球，既被它的绚烂多彩吸引，也被它的神秘魔幻折服。感谢吴老师给了我们一个停下脚步、坐住板凳、沉思冥想的沁润机会，让我们这段时间给未来的职业方向以及教学内容理清了脉络。

　　同时也要感谢从开始就为我们查阅资料、核实信息、视频扒词的高一心和王日臻同学，没有你们一丝不苟、夜以继日的辛苦工作，就没有这本书的出版。感谢李略和王安琪同学在我们需要的时候能够第一时间帮忙查找资料，你们的认真和踏实给了写作中的我们极大的信心和安慰。

　　这本书的内容还有很多不足之处，但也正是这些不足和遗憾促使我们找到了工作和研究中的动力和目标。"业精于勤""行成于思"，望未来可期，虽远必达。

2023年4月于辽宁